中国博士后科学基金会第63批面上一等资助

经济管理学术文库·经济类

# "营改增"对物流企业的影响研究

## Study on the Impact of Replacing BT with VAT on Logistics Enterprises

### 王友丽／著

经济管理出版社
ECONOMY & MANAGEMENT PUBLISHING HOUSE

**图书在版编目（CIP）数据**

"营改增"对物流企业的影响研究/王友丽著. —北京：经济管理出版社，2017.12
ISBN 978-7-5096-5613-6

Ⅰ.①营…  Ⅱ.①王…  Ⅲ.①物流企业—增值税—税收管理—研究—中国  Ⅳ.①F812.42

中国版本图书馆 CIP 数据核字（2017）第 319706 号

组稿编辑：宋　娜
责任编辑：宋　娜　张　昕　田乃馨
责任印制：黄章平
责任校对：王淑卿

出版发行：经济管理出版社
　　　　　（北京市海淀区北蜂窝 8 号中雅大厦 A 座 11 层　100038）
网　　址：www. E-mp. com. cn
电　　话：(010) 51915602
印　　刷：三河市延风印装有限公司
经　　销：新华书店
开　　本：720mm×1000mm/16
印　　张：13.25
字　　数：206 千字
版　　次：2017 年 12 月第 1 版　2018 年 12 月第 2 次印刷
书　　号：ISBN 978-7-5096-5613-6
定　　价：88.00 元

# 前　言

财政收入是国家开支的基本支柱之一，财政政策及其制度的制定和实施一直受到高度重视。作为调节社会收入分配的重点，财税改革是我国改革开放的重要组成部分。从"十一五"规划到"十三五"规划，我国财税制度随着国家经济的发展历经了多次改革与调整："十一五"规划取消了农业税，对内外资企业所得税进行两税合一，并使增值税实现由生产型向消费型转变；"十二五"规划调整了消费税的范围和税率结构，扩大了增值税的征收范围，并对其他税收进行了相应的调减；"十三五"规划详细制定了税制结构改革和调整的总体目标，以期深化我国财政制度的改革，促进我国经济的平稳健康发展。我国税制结构的不断优化与完善，深刻体现出我国市场经济发展的新要求。目前，我国正处在经济转型的关键时期，也是制度改革的攻坚时期。尽管我国市场化程度及国际贸易水平得到了不断提升，随着营业税改征增值税政策（以下简称"营改增"政策）的不断推进，此前两税并行的税制结构对经济社会的发展所造成的种种问题也日渐凸显，"十二五"规划初期实施的"营改增"在我国税制改革的历程中具有举足轻重的地位。

从产业发展角度看，任何产业的发展都离不开国家政策的支持和保障。作为主要的生产性服务业，物流业的发展也依赖于国家制定并实施的一系列政策。近年来，国家对包括物流业在内的现代服务业实施了"营改增"政策，我国物流业的税制结构及物流企业内部运行情况都发生了不少变化。虽然"营改增"政策在全国大部分行业的实施效果较为可观，但物流企业税负水平及绩效水平不降反升，其原因值得深入研究。基于此，本书以探究"营改增"对物流企业的影响为核心，从我国物流业税制改革的现实出发，结合相关理论知识，以案例的形式分析"营改增"政策带来的各方面影响，并运用物流业上市公司数据对税负及财务绩效的具体影响进行实证研究；在此基础上，归纳出"营改增"前后物流业及其企业的变化，并据此提出相应的对策和建议，希冀对我国物流业绩效水平的提升提供有益的借鉴。

全书共分为八章，第一章为绪论部分，主要包括本书的选题背景、研究意义和目的、研究内容和方法、相关研究综述以及创新点与不足之处等。本书的正文部分分为七章，每章的主要内容如下：

第二章对本书涉及的相关概念和理论基础进行了详细的阐述，不仅从概念界定和特征等方面分别对物流业、营业税和增值税进行了概述，而且分别从含义和征税范围上对营业税及增值税进行了比较分析，并辅以税制优化理论、税收中性理论、最适课税理论、税收负担理论和税收宏观调控理论，详细阐述了"营改增"的理论基础，为下文分析"营改增"的必要性作铺垫。

第三章从分析我国"营改增"的政策背景出发，揭示改革前两税并存制度的弊端，阐述分税制改革对"营改增"的启发；然后阐述我国"营改增"政策的主要内容，解释试点地区新的税制安排，并对过渡期的政策安排和衔接问题进行详细阐述；最后具体深入到物流行业，在论述我国物流业发展现状的基础上，进一步阐述我国物流业"营改增"的实施现状，并找出存在的问题及其产生的原因。

第四章以系统、全面地分析"营改增"对物流企业的影响为主，具体从营业税改为增值税后对物流业业态和物流业上下游企业、物流企业会计处理和财务分析、物流企业管理和纳税申报以及物流企业税负和利润这四个方面进行分析。具体地，第一节分析了"营改增"对于物流业业态及行业上下游企业的影响主要在于："营改增"使物流企业更加注重专业化，促使物流业不断地往集中化方向发展，从而促进高端化业态的形成。而对于物流行业上游企业的影响主要在于，抑制了上游企业乱开发票的现象，并且使上游企业的业务流程更加完善；对下游企业而言，其对产品的定价有了更多的空间，另外也因此得到了更加细化的分工。第二节分析了营业税改增值税对不同层次物流企业（小规模纳税人和一般纳税人）会计处理和财务分析的影响，并运用案例分析了"营改增"前后物流企业的应缴税额，比较了改革前后税额和利润的差异以及会计处理的不同。第三节分析了营业税改增值税对物流企业管理和纳税申报的影响，对物流企业管理的影响主要体现在经营管理与发票管理方面。同时，纳税申报的要求也有所不同，对新的申报内容及相关的资料进行了陈述。第四节分析了"营改增"对物流企业税负和利润的影响，通过建立数学模型具体分析了两种税负（即货物劳务税税负、企业所得税税负），进一步探究了物流企业的利润有何变化，具体表现在收益、成本和营业税金及附加的变动，由于变化幅度和相对比例不同，不同的企业会有不同的利润变化。最后，对"营改增"对物流企业的长期影响进行了探究，从长远来看，随着制度和相关措施的不断完善，"营改增"对于物流企业的发展是利大于弊的。

第五章分别运用物流业各细分行业的上市公司数据，探究了"营改增"对物流业各细分行业税负的具体影响。首先，分析了"营改增"对物流企业税负的理论影响；其次，通过测算公司税负的相关指标，找出了影响物流企业税负变动的主要因素；最后，通过对这些因素的分析，得出"营改增"对企业税负产生的具体影响。

第六章首先从理论方面入手，直观地分析了"营改增"对物流企业财务绩效的影响；其次，通过识别公司财务绩效的主要影响因素，分别从盈利能力、营运能力、偿债能力和发展能力四个角度出发，构建了物流企业财务绩效评价指标体系；最后，运用物流业上市公司的年报数据，结合物流企业财务绩效评价指标体系，测算出物流业各细分行业上市公司的财务绩效评价指标值，并得到相应的公司财务绩效评价表，从而对"营改增"如何影响物流业上市公司财务绩效进行实证研究。

第七章针对"营改增"给物流企业带来的影响及变化，分别从选择上下游企业及物流业业态、会计与财务处理、企业经营与管理、税收筹划四个方面对物流企业提出了相应的对策与建议。具体来看，第一，从选择上下游企业及物流业业态的角度提出了合理选择供应商与客户，完善物流设施的建设与改造，加强企业中心化、信息化与标准化建设，增加与国家机关的交流等对策与建议；第二，从企业会计与财务处理的角度提出了选择合理的纳税人身份、加强企业发票管理以及员工培训力度、完善企业财务管理等对策与建议；第三，从企业经营与管理的角度提出了梳理企业的经营业务、定期评估涉税风险、整合现有组织结构、有效控制服务成本与价格、妥善安排采购活动、适当将财务外包、调整战略创新模式与更新观念等对策与建议；第四，从税收筹划的角度提出了将采购和营业活动纳入税收筹划范围，并运用税收优惠政策等对策与建议。

# 目　录

# 第一章 绪 论

根据行业分类标准，物流业由交通运输业、仓储业和邮政业等构成，具体涵盖铁路运输业、道路运输业、水上运输业、航空运输业、管道运输业、装卸搬运和运输代理业、仓储业、邮政业等，具有基础性和先导性，是生产性服务业的重要组成部分。营业税改征增值税（以下简称"营改增"）是结构性减税的重要举措，物流业改征增值税，对于企业的经营和管理会产生较大影响。自 2005 年起，经国家发展改革委推荐，国家税务总局先后确认了 4 批、394 家物流企业纳入营业税差额纳税试点范围。2011 年 8 月，国务院办公厅印发国办发〔2011〕38 号《关于促进物流业健康发展政策措施的意见》（以下简称"国九条"），从中央层面明确提出了"切实减轻物流企业税收负担"的要求。2012 年 1 月 1 日起，营业税改增值税试点工作以交通运输业和部分现代服务业为对象在上海市开展；2013 年 8 月 1 日，试点范围扩大至全国；2014 年 1 月 1 日，在全国范围内开展铁路运输和邮政业"营改增"试点工作；至此，交通运输业全部纳入改革范围。2015 年《政府工作报告》中提出国家将继续深化税制改革，推进多项财税政策的实施。本书将以税收政策对物流企业的影响作为研究目标，围绕"营改增"对物流企业的财务影响和运作影响两个层面展开，在财务方面以税负和财务绩效为切入点，在运作方面从供应链的视角出发，探明"营改增"对供应链整合的影响，以及对供应链运作绩效的影响，根据研究的结果提出物流企业面对税收政策的变革应采取的相应措施，以期为我国物流企业的纳税筹划和发展战略提供理论支撑和对策思考。

# 第一节　研究背景和意义

## 一、研究背景

1970 年，日本学者西泽修教授在其著作《流通费用——不为人知的第三利润源泉》中提出，物流可以为企业提供大量直接或间接的利润，是形成企业经营利润的主要活动。非但如此，对国民经济而言，物流也是创利的主要领域。早在 2010 年，美国经济咨询公司环球通视的数据就显示，我国制造业产出占世界的比重达 19.8%，高于美国的 19.4%[①]，成为全球制造业第一大国。对我国而言，物流已然从一个附属性行业转变成为一个基础性行业，无论是商贸还是生产都要依靠物流的交货与供货来最终实现。然而，近年来我国社会物流总费用占 GDP 的比重一直很高，这一比重已经超过发达国家的两倍（中经未来产业研究中心的数据显示，2012 年我国社会物流总费用占 GDP 的比重达 18%[②]；而美国《第 23 届国家年度物流报告》发布的数据显示，2011 年美国物流总成本仅占美国 GDP 的 8.5%），也远高于其他金砖国家。

物流业作为全球最主要的生产性服务业之一，对国家经济的发展有着十分重要的作用，同时它的发展也离不开国家宏观政策的支持。近几年，随着我国制造业的逐渐发展，产品的生产以及销售离不开现代物流业的配合，特别是与物流业息息相关的仓储、搬运以及装卸等活动变得日益庞杂。但从社会实践来看，我国物流业的发展水平还无法适应当前制造业企业对物流业务的庞大需求。物流业的低效率渗透到生产生活的多个方面，阻碍了社会经济的发展。随着社会对物流业关注度的不断提升，不少学者也发现我国物流业成本过高，特别是税收负担过大

---

① 资料来源：中国新闻网《统计局报告：中国工业经济实力大幅提升》[EB/OL]. http://finance.chi-nanews.com/cj/2012/09-04/4157349.shtml.

② 资料来源：中经未来网《社会物流中费用》[EB/OL]. http://www.cefuture.cn/_d276175616.htm.

以及税制结构不合理等，对物流业企业的发展造成了不利影响。此外，随着科学技术的急速进步及社会生产力的快速发展，在生产领域中，通过扩大生产能力、降低生产成本而获取利润（即第一利润源）和通过扩大销售、降低人力消耗从而降低成本增加利润（即第二利润源）的潜力已经越来越小，而物流领域的潜力被人们所重视，通过降低物流费用从而获取利润（即第三利润源）越来越受到人们的重视。税收是物流成本的重要组成部分，通过研究税收政策对物流企业的影响，能够帮助物流企业进行纳税筹划。企业为了追求税后利润的最大化，通过合理、合法地运用国家税收关于物流方面的鼓励政策，降低物流税收成本，获取较佳的整体经济效益，从而确立经营竞争优势，所以税收政策发生变化后物流企业的纳税筹划需求迫切。

我国在"十二五"规划中提出深化制度改革，并于 2013 年 8 月 1 日起对包括物流业在内的现代服务业实施"营改增"政策。"营改增"税制改革的目的在于消除营业税重复征税，是国家实施结构性减税的一项重要措施，对于促进物流业发展具有重要作用。英国经济史学家安格斯·麦迪森在《世界经济千年史》中指出，500 年来全球经济的发展成果绝大部分是由通信和运输成本降低带来的。物流行业作为我国的一个新兴产业，随着国家经济的发展，得到了空前快速的发展，在国民经济的增长速度中，物流行业的增速高于 GDP 的增长速度。但是，目前物流行业税收征管难、偷税漏税的情况比较严重。而根据有关调查，长期困扰物流业发展的正是重复纳税、税赋不平等、抵扣难等难题。由此，物流税改也成为"最具含金量的政策"。在"营改增"之前，营业税是物流行业缴纳税金最多的一个税种，平均占全行业上缴税金的 60%~70%。由于物流业经营涉及的范围广泛、税种众多，这就决定了物流企业的应收范畴不能局限于增值税或者营业税其中的一个税种，因此营业税无法抵扣的特点必会导致重复征税环节出现。斯蒂芬·R.小刘易斯在《寻求发展的税收：原则与应用》中写道，"增值税其实就是一种有效避免重复征收税收的方法"。"营改增"的税制改革将有助于解决目前对货物和劳务分别征收增值税与营业税所产生的重复征税问题，通过优化税制结构和减轻税收负担，为深化产业分工和加快现代服务业发展提供良好的制度支持，有利于促进经济发展方式转变和经济结构调整。其成功之处在于，营业税改成增值税有利于物流业务外包，有利于社会分工，而社会分工是物流存在的根基。

2014 年 9 月，国务院印发《物流业发展中长期规划（2014—2020 年）》（以下简称《规划》），部署加快现代物流业发展，建立和完善现代物流服务体系，提升物流业发展水平，为全面建成小康社会提供物流服务保障。《规划》的重要内容具体有以下几点：第一，物流业是融合运输、仓储、货运代理、信息等产业的复合型服务业，是支撑国民经济发展的基础性、战略性产业。加快发展现代物流业，对于促进产业结构调整、转变发展方式、提高国民经济竞争力和建设生态文明具有重要意义。第二，到 2020 年，我国基本建立布局合理、技术先进、便捷高效、绿色环保、安全有序的现代物流服务体系，物流的社会化、专业化水平进一步提升，物流企业竞争力显著增强，物流基础设施及运作方式衔接更加顺畅，物流整体运行效率显著提高，全社会物流总费用与国内生产总值的比率由 2013 年的 18% 下降到 16% 左右，物流业对国民经济的支撑和保障能力进一步增强。第三，以着力降低物流成本、提升物流企业规模化集约化水平、加强物流基础设施网络建设为发展重点，大力提升物流社会化、专业化水平，进一步加强物流信息化建设，推进物流技术装备现代化，加强物流标准化建设，推进区域物流协调发展，积极推动国际物流发展，大力发展绿色物流，并提出了多式联运、物流园区、农产品物流、制造业物流与供应链管理等 12 项重点工程。

综上所述，物流业税收体系的进一步完善问题已经成为学术界研究的热点问题，本书正是在以上理论背景与实践背景的基础上进行研究的。

## 二、研究意义

目前，我国正处在经济转型的关键时期，也是制度改革的攻坚时期。尽管我国市场化程度及国际贸易水平得到了不断提升，但是自"十二五"规划起，随着营业税改征增值税政策的不断推进，此前两税并行的税制结构给经济社会发展带来的种种问题也日渐凸显。就物流业而言，我国物流企业的利润水平远低于所要承担的税收负担，这就造成了物流成本过高的现象，加上物流业行业内部的竞争十分激烈，许多小企业在超高的税负以及激烈的市场竞争环境下根本无法生存，直接导致了我国物流行业发展进程缓慢。虽然"营改增"政策在全国大部分行业的实施效果较为可观，但是对于物流业来说，其税负水平以及绩效水平不降反升，这当中的原因值得思考。因此，本书通过从总体上研究"营改增"的基本情况与面临的问题，具体深入物流企业这一生产服务行业，对我国物流业"营改增"的基本情况进行概述，并进一步分析"营改增"政策在物流行业实施的过程当中所面临的主要问题和问题产生的原因，结合理论分析和实证分析的研究方法，分别探究"营改增"改革对物流企业税负以及财务绩效的理论影响及实际影响。旨在通过此项研究，找出"营改增"政策给物流业企业带来的具体影响与变化，并据此提出相应的对策和建议，希望能够为提高我国物流业的水平提供一些有益的借鉴。

1. 理论意义

在理论上，国外学者比较重视"营改增"的税率和实施范围，及该政策对经济发展各方面的影响等。而国内的学者们近年来对于"营改增"政策的研究虽然有很多，各方面的理论贡献也较为丰硕，但是具体到物流业"营改增"的问题，现有的研究尚显得不够系统且比较单薄，对"营改增"对我国物流业企业带来的影响以及存在的各种问题的研究还不够深入，有待进一步加强。并且，从已有的研究成果来看，我国对于"营改增"的调查分析研究成果较多，但理论研究成果缺乏。所以，本书的研究对于进一步丰富物流业的文献成果以及深入研究"营改增"具有一定的理论意义。

2. 实践意义

近年来，随着营业税改征增值税改革进程的不断深入，交通运输业以及物流业等生产性服务业逐渐被全面纳入"营改增"的实行范围。从实践中看，"营改增"对于各行各业的影响是巨大的，但是尽管该政策本身是为了减轻经济转型形势下企业的税负，达到改善和调整税制结构的效果，并进一步优化产业结构，但单就物流业而言，却出现了税负水平增加，盈利能力相对下降的现象。如何提升物流业的综合竞争力，使其摆脱生存困境成为当下十分紧迫的问题。本书就是围绕当前我国物流业的"营改增"政策效果进行研究，不仅充分考虑了我国增值税和营业税征收的基本现实，而且对之前两税并存对物流业发展产生的弊端进行了深刻的剖析，梳理出物流业征收增值税所面临的问题及问题产生的具体原因，采用理论与实践结合的方法，分析了"营改增"对物流企业的影响，最终得出详细的对策和建议，具有十分重要的现实意义。

# 第二节　研究内容与方法

## 一、研究内容

本书以探讨"营改增"对物流企业的影响为核心，结合物流、营业税和增值税相关概念，以及"营改增"的基础理论，遵循"营改增"效应的作用路径，从基本情况、影响概述、实证分析三方面进行具体的研究，并依据研究结果，提出相应的对策建议。本书研究的具体内容为：

1. 相关概念及理论基础

本部分旨在从物流、营业税和增值税的相关概念出发，依次阐述三个概念的具体内容，厘清营业税与增值税间的相互关系，找出具体的研究对象及内容，并梳理"营改增"的理论基础及其效应，为后续研究提供理论基础。本部分主要包含以下两方面内容：

（1）相关概念。本部分依次阐述物流、营业税和增值税的相关概念，包括基本概念、构成和模式、特征、类型、优势及弊端等具体内容，并对两税的相似点和差异性进行比较分析，明确两税的联系与界限，明确本书的具体研究对象。

（2）理论基础。本部分从税制优化理论、税收中性理论、最适课税理论、税收负担理论和税收宏观调控理论的角度详细地阐述"营改增"的相关理论，并对"营改增"效应的作用路径进行论述，明确本书的理论基础，并作出基本的理论分析。

2. 我国"营改增"的基本情况

本部分旨在梳理我国"营改增"政策的实施情况，找出实施过程中的不足之处，为后文的研究提供现实基础。因此，本部分先对"营改增"的政策背景进行梳理，阐述"营改增"的主要内容，再分析当前我国物流业"营改增"实施的基本情况，找出存在的问题及有待完善之处，以待后文提出相关的对策建议。本部分的内容主要分为以下两个方面：

（1）我国"营改增"的基本情况。本部分首先通过论述我国"营改增"的改革背景，并分析"营改增"前实施的两税并存制度，找出其弊端，指出我国实施"营改增"的必要性。然后概述我国"营改增"改革试点的主要内容，解释试点地区的新税制安排，并阐述"营改增"过渡期的政策安排和衔接问题，以了解并掌握我国"营改增"的改革历程及当前的实际情况。

（2）我国物流业"营改增"的实施情况分析。本部分内容拟通过梳理我国物流业的发展现状，以及物流业"营改增"的主要内容，找出我国物流业在实施"营改增"政策过程中出现的问题及政策的弊端，指出我国"营改增"政策的有待完善之处，为后文有针对性地提出政策建议提供现实基础。

3. "营改增"对物流业的影响概述

本部分通过理论分析与案例分析相结合的方式，系统地论述了物流业在"营改增"政策实施前后的变化，旨在从理论分析的角度，对物流业"营改增"政策的影响进行全面的概述，从而对"营改增"的具体影响有一定的理论了解，为后文实证部分奠定基础。本部分内容主要包括以下四个方面：

（1）"营改增"对物流业业态及行业上下游企业的影响概述。实施"营改增"政策，首要影响的就是物流业整个行业。"营改增"政策如何影响物流公司，以及物流公司如何应对"营改增"政策，都须基于物流产业的应对方针来作答。本部分从宏观的角度着重分析"营改增"对物流业业态的影响，并基于这一分析结果开展"营改增"对物流企业的影响分析。产业并不是单独发展的个体，产业的变化会在产业链中产生相互影响。因此，本部分也研究了"营改增"对物流行业上下游企业的影响，以了解"营改增"对产业链的整体影响。

（2）"营改增"对物流企业会计处理和财务分析的影响概述。本部分首先通过列表及案例的形式，依次分析了"营改增"对小规模纳税人、一般纳税人的影响，并分别列示了物流企业的会计处理过程，以便直观地呈现实施"营改增"对企业会计处理的影响。然后通过分析物流企业资产负债表、利润表等财务报表在"营改增"前后的变化，详细地分析"营改增"对物流企业财务分析的影响。

（3）"营改增"对物流企业管理和纳税申报的影响概述。本部分先通过在"营改增"前后，物流企业在经营管理和发票管理两方面的变化，来分析并探讨"营改增"对物流企业管理的影响，然后依据"营改增"实施的具体政策，找出"营改增"后物流企业纳税申报的相关变化，分析"营改增"对物流企业纳税申报的具体影响。

（4）"营改增"对物流企业税负和利润的影响概述。本部分包含企业税负和企业利润两方面内容，在企业税负的影响研究中，运用数理模型依次分析"营改增"后企业货物劳务税税负和企业所得税的变化，找出"营改增"对物流企业税负的影响；在企业利润的影响研究中，通过分析"营改增"对企业利润环节的直接影响、企业成本的间接影响，以及企业营业附加税费的影响，找出"营改增"对企业利润的具体影响。

4. "营改增"对物流业上市公司税负影响的实证研究

税负变动是"营改增"对物流企业影响的直观表现，本部分通过理论分析"营改增"对物流企业税负的具体影响，测算"营改增"前后企业税负的变化情况，找出并分析影响物流企业税负变动的主要因素，分析"营改增"对物流企业税负产生的具体影响。本部分由以下四部分组成：

（1）理论分析。本部分以公式的形式，并结合文字的描述，依次阐述了影响企业增值税税负的三个进项税额。基于收入和成本假定与相关税率提出两个假定，描述了上市公司"营改增"前后税负变动率的计算步骤及公式。

（2）样本数据的选取。本部分的研究主要是为了探索"营改增"政策的实施对物流业上市公司税负的影响。证监会 2012 年版行业分类将物流业划分为八个细分行业，因此本部分选取沪深两市物流业上市公司的数据进行研究，并将各上市公司划分到各个细分行业中，试图找出"营改增"对各细分行业上市公司税负的具体影响。

（3）"营改增"后可抵扣固定资产对物流企业税负的影响。本部分运用铁路运输业、道路运输业、水上运输业、航空运输业、装卸搬运和运输代理业，以及仓储业上市公司的年报数据，通过相关公式的计算，得到各上市公司在 2008~2015 年的各年可抵扣进项税占营业收入比率，从而分析"营改增"后，企业可抵扣固定资产对不同细分行业税负的影响。

（4）"营改增"对物流业税负影响的测算。本部分将结合相关学者的研究成果，从物流业各细分行业入手展开实证研究，并运用沪深两市物流业上市公司的有关数据，通过相关公式的计算，模拟测算出各上市公司在 2008~2015 年的各年税负变动率，从而分析"营改增"可能对物流业各细分行业税负造成的具体影响。

5."营改增"对物流业上市公司财务绩效影响的实证研究

财务绩效是"营改增"对物流企业税负影响的一个重要组成部分，它能直观地反映出"营改增"政策的影响力度。本部分通过理论分析"营改增"对物流企业财务绩效的影响，识别公司财务绩效的主要影响因素，构建物流企业财务绩效评价指标体系，并运用上市公司的年报数据，测算出各细分行业上市公司的财务绩效评价指标值，得到相应的公司财务绩效评价表，从而分析"营改增"对各细分行业上市公司财务绩效的具体影响。本部分由以下三部分组成：

（1）物流公司财务绩效评价指标体系介绍。本部分通过分析公司财务绩效的影响因素，从盈利能力、营运能力、偿债能力和发展能力四个角度出发，构建由 16 个财务绩效指标组成的物流企业财务绩效评价指标体系，并依次阐述各个财务绩效指标的含义及其具体的计算过程。

（2）样本数据的选取。本部分研究主要是为了探索"营改增"政策的实施对物流业上市公司财务绩效的影响。样本数据选取自沪深两市物流业上市公司的年报，并依据证监会 2012 年版行业分类将各上市公司细分到八个细分行业中，分别对八个细分行业的上市公司数据进行实证研究，试图找出"营改增"对各细分行业上市公司财务绩效的具体影响。

（3）物流业分行业上市公司财务指标分析。本部分先运用沪深两市上市公司的年报数据，结合财务绩效指标计算公式，计算得出各上市公司财务绩效评价指标表，然后通过分析上市公司财务绩效评价表，整理并归纳"营改增"对各细分行业上市公司财务绩效的具体影响。

6."营改增"后物流业的相关对策及建议

在分析相关理论和阐述有关概念的基础上，结合我国"营改增"的实际情况，运用理论分析和实证研究的方法，对物流业"营改增"政策的影响进行系统、全面的分析，针对研究结果从选择上下游企业及物流业业态、会计与财务处理、企业经营与管理、税收筹划四个方面提出我国物流业的应对措施，具体如下：

（1）选择上下游企业及物流业业态。通过"营改增"对物流业影响概述的分析发现，面对"营改增"带来的变化，物流业应合理选择供应商和客户，完善物流设施的建设与改造，加强企业中心化、信息化与标准化的建设，增加与国家机关的交流。

（2）会计与财务处理。通过"营改增"对物流业影响概述的分析，和各细分行业上市公司税负变动率的实证研究发现，面对"营改增"带来的变化，物流业应选择合理的纳税人身份、加强企业发票管理以及员工培训力度、完善企业的财务管理。

（3）企业经营与管理。通过"营改增"对物流业影响概述的分析，和各细分行业上市公司财务绩效指标的实证研究发现，面对"营改增"带来的变化，物流业应梳理企业的经营业务、定期评估涉税风险、整合现有组织结构、有效控制服务成本与价格、妥善安排采购活动、适当将财务外包、调整战略创新模式与更新观念。

（4）税收筹划。通过"营改增"对物流业影响概述的分析，和各细分行业上市公司税负变动率的实证研究发现，物流业在面对"营改增"带来的变化时，应将采购和营业活动纳入税收筹划范围，并实施税收优惠政策。

以上便是本书的主要研究内容，本书具体章节的结构安排如下：第一章为绪论，第二章为相关概念与基础理论，第三章为我国"营改增"的基本情况，第四章为"营改增"对物流业影响的理论分析，第五章为"营改增"对物流业上市公司税负影响的实证研究，第六章为"营改增"对物流业上市公司财务绩效影响的实证研究，第七章为"营改增"后物流企业快速发展的相关对策及建议，第八章为研究结论与展望。

## 二、研究方法

本书共分为八章，除去第一章绪论和第八章结论外，共有六章研究内容。本书在研究"营改增"对物流企业的影响时，用到的主要研究方法包括文献研究法、比较分析法和规范性研究与实证研究相结合三种方法。其中，第一章运用文献研究法对国内外相关研究成果进行归纳和总结，并客观地评述了现有文献的研究成果，奠定了本书的文献基础；第二章运用文献研究法归纳并总结出"营改增"的理论框架，奠定了本书的理论基础，同时运用比较分析法对营业税与增值税的关系进行比较分析，明确本书的研究对象及范畴；第三章介绍了我国"营改增"的基本情况；第四章运用比较分析法，并以案例与公式相结合的形式，对"营改增"对物流业的影响进行了系统、全面的概述；第五章以理论为基础进行实证研究，运用规范性研究与实证性研究相结合的研究方法分析了"营改增"对物流业上市公司税负的具体影响；第六章也以理论为基础进行实证研究，运用规范性研究与实证性研究相结合的研究方法研究了"营改增"对物流业上市公司财务绩效的具体影响。

关于三种研究方法的具体介绍如下：文献研究法指的是对文献进行收集、筛选、整理和归纳，并通过上述过程对文献进行相关研究，从而形成一个对事实有科学认识的研究方法；比较分析法将两个或者两个以上的客观事物进行两两比较，从而正确地认识并评价事物的本质和规律；规范性研究是对所研究的问题作出好坏判断的一种合意性研究方法，实证研究指研究者为研究或检验提出的理论假设而亲自观察、收集、归纳、整理研究资料并展开相关研究的研究方法，规范性研究与实证研究相结合就是综合运用上述两个研究方法的一种研究方法集合。

# 第三节　研究思路和技术路线

本书以"营改增"对物流企业的影响为研究核心，基于现有文献的理论基础、现实背景与意义的要求，首先从我国"营改增"的基本情况入手，探讨我国"营改增"改革实施的政策背景及内容，详细分析我国物流业"营改增"的基本情况并指出其中存在的问题及其原因。其次，从理论和实证两个角度来分析"营改增"对物流企业的具体影响。理论分析从物流业业态及行业上下游企业、企业会计处理和财务分析、企业管理和纳税申报、企业税负和利润四个方面较为全面、系统地对"营改增"的影响进行了概述；实证分析则选取理论分析中的税负和财务绩效两个层面进行研究，运用沪深两市上市公司的年报数据实证验证"营改增"政策的具体影响。最后，在分析实证结果的基础上，结合我国"营改增"政策及其在物流业实施的现实情况，从理论分析的四个角度提出了相关的对策和建议。全书的研究技术路线如图1-1所示。

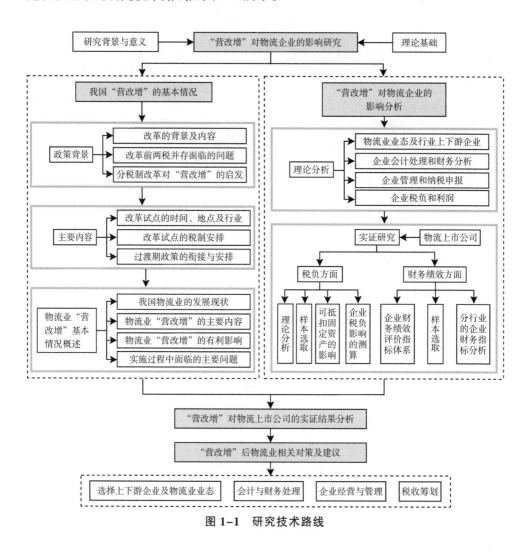

图1-1 研究技术路线

# 第四节 文献检视与述评

## 一、文献检视

### 1. 关于增值税的评价性研究

John Kay 和 Mervyn King[1] (1979) 认为，尽管增值税在征收过程中以及征收的效率方面有着十分明显的优势，但是总体上而言，在征收过程中抵扣进项税额的同时，其征收管理的成本也比较高，甚至有研究表明增值税的征收管理成本要高过购置税管理成本两倍多。

Stephen R. Lewis[2] (1984) 对增值税做出了详细的研究和归纳分析，他将增值税与其他税种进行比较后指出，增值税与其他税种最主要且最本质的区别在于它可以在征收过程当中进行抵扣，在从生产到销售的整个环节中，如果征收的是增值税，那么就都能够对上一个环节的进项税额进行所需要的抵扣，这就在很大程度上避免了重复征税的问题，Stephen R. Lewis 也表示增值税的这一特性可以称为它最大的优势。然而，他的研究不止于此，在肯定了增值税的优势的同时，Stephen R. Lewis 也通过了解现实发现，尽管增值税被证明具有很大的优势，但是由于一个国家或地区的经济发展存在不同程度的差别，经济落后的地区由于并不具有健全完善的会计制度，给增值税的征收带来了一定的困难，加上经济落后地区增值税的征税范围尚不明确，有的产品甚至没有被纳入征收范围，如此一来，增值税制度的实施就失去了普遍性，其优势也不再明显。Tait[3] (1992) 认为对于增值税具体的征收范围，应当根据不同的情况而定。他指出，如果增值税

---

[1] John Kay, Mervyn King. The British Tax System [J]. Journal of Economic Literature, 1979 (9).

[2] Stephen R. Lewis. Taxation of Development: Principles and Application [M]. Oxford University Press, 1984.

[3] Tait A. A. Introducing Value-added Taxes [J]. Fiscal Policies in Economies in Transition, 1992: 188-208.

的征税范围过窄，如只在生产和进口环节进行征税，那么是不利于国家税收稳定的，并且也不符合增值税征收本身的普遍性原则。Burgess R. 等[①] （1993）进一步肯定了增值税具有避免重复征税的优势，并且提出增值税制度的实施十分符合税收中性的原则，由于它只对市场上的产品与服务在流通过程中所产生的增值部分进行征税，所以在征收过程中进行适时的变动并不会对企业的最终决策产生影响，这样对促进企业未来的成长与发展有着十分积极的作用。

Cnossen[②] （1994）为了测算增值税征收管理成本的高低，利用欧洲地区一部分经济合作与发展组织的数据进行计算，结果显示增值税的征收管理成本占国家GDP 的 0.027%左右，但是由于各个欧盟组织成员国之间的国情不同，经济发展程度存在差异，其增值税征收管理成本也不尽相同，最后 Cnossen 还进一步得出结论，认为一个国家的税制体系越是简单，那么其税收管理的成本也就越小。Richard M. Bird 和 Pierre Pascal Gendron[③] （2007）则认为增值税制度并不是完美的、没有瑕疵的，他们指出即使是世界上所谓"最优"的增值税税收制度，也无法使所有的发展中国家或者面临经济转型的国家的财政问题得到完美的解决，这要视情况而定。经过对各个国家的实践进行总结与分析，他们认为如果一个国家在消费方面课税的比例较高，那么相对于国家财税体系中的其他税种而言，征收增值税的确是财政体系中所要采取的最佳税制。而 Keen 和 Lockwood[④] （2009）则强调了增值税的抵扣机制在避免重复征税问题上无可争议，若某些财政体系中有些商品没有被纳入增值税的征收范围，那么征税的普遍性就难免会受到广泛的质疑，因此作者强烈支持扩大增值税的征收范围。与此同时，由于增值税可以在产品的加工和流转阶段对所产生的税额进行抵扣，具备了避免产品在周转过程中带来的税负累计的优势，因此对于发展中国家而言，企业应有更加全面的会计账

---

① Burgess R., Stern N. Taxation and Development ［J］. Journal of Economic Literature, 1993: 762-830.

② Cnossen S. Administrative and Compliance Costs of the VAT: A Review of the Evidence ［M］. Rotterdam: Erasmus University Rotterdam, 1994.

③ Richard M. Bird, Pierre Pascal Gendron. The VAT in Developing and Transitional Countries ［M］. Cambridge: Cambridge University Press, 2007: 63-64.

④ Keen M., Lockwood B. The Value Added Tax. It's Cost and Consequences ［J］. Journal of Development Economics, 2009 （2）.

簿记录。Keen 和 Lockwood[1]（2010）花了 25 年的时间研究了引进增值税会对一个国家的财政收入产生怎样的影响，其间他们采用了 143 个国家的数据，并以搜集整理数据得来的分析结果为基础做了进一步的研究，深入分析了开征增值税以及增值税的税率变化会给一个国家的财政带来的各项影响，他们认为是否引进增值税对一个国家的财政收入影响重大。

2. "营改增"税制改革的相关研究

关于"营改增"税制改革的相关研究，国外学者做了大量研究性工作，Auerbach 等[2]（1994）针对美国的税制改革问题，采用了代际核算方法结合三种模拟工作对不同的改革方案会对各代人产生的影响做出了考量分析。Creedy[3]（1999）在微观经济学的理论基础之上，深入考察了包括增值税和消费税在内的间接税在价格发生变化时对消费者所产生的等价性变动及补偿性变动，并进一步对澳大利亚实行的商品与服务税的福利效应进行了度量。Emran 和 Stiglitz[4]（2005）专门针对发展中国家的间接税改革的一系列效应做了相关研究，认为在考虑非正规经济影响效果的条件下，发展中国家减少关税而又增加增值税的做法会损害关税的中性，因此是不可取的。而扩大增值税税基也不利于社会的劳动积极性，会损害社会福利。Carbonnier[5]（2007）通过研究法国 1987 年汽车销售的增值税改革，以及 1999 年房屋维修的增值税改革给消费者税负带来的变化，发现增值税扩围会带来消费税的上升。Michael 和 Lockwood[6]（2010）通过研究估计了 143 个国家征收增值税的一系列影响效果，并结合这些国家 25 年来的相关数据，得出结论指出增值税是这些国家进行宏观调控的有效工具。

① Michael Keen, Ben Lockwood. The Value-Added Tax: Its Causes and Consequences [J]. Journal of Development Economics, 2010, 92 (2): 138–151.

② A. J. Auerbach, J. Gokhale, L. J. Kotlikoff. Generational Accounting: A Meaningful Way to Evaluate Fisical Policy [J]. The Journal of Economic Perspecrives, 1994, 8 (1): 73–94.

③ John Creedy. Modeling Indirect Taxes and Tax Reform [J]. Edward Elgar, 1999.

④ M. S. Emran, J. E. Stiglitz. On Selective Indirect Tax Reform in Developing Countries [J]. Journal of Public Economics, 2005, 89 (4): 599–623.

⑤ Clément Carbonnier. Who pays sales taxes? Evidence from French VAT reforms [J]. Journal of Public Economics, 2007, 91: 1219–1229.

⑥ Michael Keen, Ben Lockwood. The Value-Added Tax: Its Causes and Consequences [J]. Journal of Development Economics, 2010, 92 (2): 138–151.

我国引进增值税制度并实施试点工作始于 1979 年，从首次引进至今，其间也在增值税制方面进行了多次重大变革。其中，主要包括 1994 年的分税制改革，在 15 年后便由生产型增值税转向消费型增值税（2009 年），而"营改增"的税制改革开始于 2012 年 1 月 1 日。在这之前就有许多国内学者对于增值税的税制改革进行了研究，并针对"营改增"的推行给出了各自不同的看法和见解。罗晓华[①]（2004）在铁路网运分离改革之后，考虑到税负失去平衡及铁路运输方面所存在的重复征税问题，为解决这些问题进而使税收制度与铁路体制改革相适应，她认为我国需要对铁路运输业当时实行的税收政策进行必要的改革。在"营改增"的政策必要性方面，朱青[②]（2012）认为，目前我国的宏观税率偏低，大多数老百姓感觉税负偏重，而这其中最主要的原因在于我国税负结构存在着诸多不合理之处，未来应当在税收政策方面考虑结构性减税。平新乔[③]（2009）在增值税制度方面做出了许多颇有贡献的探究，通过计算我国增值税和营业税二者对消费者所产生的福利效应差异，发现由于在消费品的价格效应方面，增值税要小于营业税，所以增值税对消费者福利的损害程度也较营业税更低。并且该计算结果也表明，服务业企业若是将所缴纳的营业税折算成增值税，税率将会超过 18.2%，大于增值税的基准税率（17%）。因此，针对服务业企业或者其他小规模企业而言，可以考虑逐步推进营业税转增值税，在征税过程中实现进项税额的抵扣。另外，平新乔[④]（2010）还对我国增值税与营业税两税并行的税负结构进行了深入的研究，他发现我国 1994 年所实施的分税制改革，其改革内容中不实行"进项抵扣"的征税方法对服务业及中小规模的企业造成了税收歧视的不良影响，因此他进一步提出应当向"小规模企业"免征其增值税，并把当时的增值税原则更广泛地推向其他所有产业。同时，龚辉文[⑤]（2010）也对我国此前营业税和增值税两业并存政策进行了评价并指出，随着国家经济的不断发展，经济水平得到不断提高，商品和劳务的界限已经日渐模糊，基于这样的角度，国内市场上的社

---

① 罗晓华. 铁路运输企业营业税改增值税的可行性分析 [J]. 税务研究，2004（1）：74-75.
② 朱青. 对我国税负问题的思考 [J]. 财贸经济，2012（7）：5-12.
③ 平新乔. 增值税与营业税的福利效应研究 [J]. 经济研究，2009，9：66-80.
④ 平新乔. 增值税与营业税的税负 [J]. 经济社会体制比较，2010，3：6-12.
⑤ 龚辉文. 关于增值税、营业税合并问题的思考 [J]. 税务研究，2010（5）：41-43.

会分工日益细化，国际市场上的贸易竞争也越来越激烈，营业税和增值税两业并存的弊端日益趋于明显，所呈现的问题也日益突出，就当时的经济形势来看，尽快将营业税纳入增值税的征收范围显得十分有必要。

杨默如[①]（2010）针对金融行业，深入分析了"营改增"的必要性及可行性，她指出应当对金融业征收增值税且应与其他行业在税率上保持一致。肖绪湖和汪应平[②]（2011）强调，税制改革应当充分考虑我国仍是发展中国家这一基本国情，并且建议，虽然增值税在多个方面都显示出专有的优势和先进性，但是营业税在经济调控功能和保障地方财力方面的作用也不容忽视，受各种客观因素的制约，推进税制改革仍然存在许多障碍，因此我国实行"营改增"税制改革政策应该全面考虑各种客观制约条件，不能一味追求改革的进度，现阶段应该保持两税并存的格局才不会出现新的不可控制的矛盾，这样也更加符合我国社会经济的实际情况。聂海峰和刘怡（2011）[③]运用了投入—产出模型，假设货物劳务税向后转嫁，通过模型计算了我国营业税和增值税的归宿税收情况，他们研究发现，那些征收增值税的企业普遍产生了税收转嫁，如此一来就起到了降低企业税收负担率的作用，相对地，由于我国当时的第一产业及第三产业实施的是免征增值税的政策，最后这些企业的归宿税收普遍都要高于实征税收。并且他们认为，货物劳务税在行业之间的转嫁使税务部门所征收的实际税收与转嫁到那些行业的最终归宿税收之间存在着一定的差异。因此，他们强调在增值税扩围改革时，理应充分考虑到行业的税收转嫁对归宿税收的影响。曲倍[④]（2011）单就物流企业做出研究，强调了我国目前优先发展物流业的重要性，通过对我国当时的税收政策进行深入剖析，认为它对物流企业并没有什么特殊优待的优惠政策，与国家宏观经济调控不相匹配。夏杰长和管永昊[⑤]（2012）充分考虑到实际情况，认为尽管"营改增"政策的实施是势在必行的，但是在税制改革初期进行试点时，或者在对于改革的

---

① 杨默如. 我国金融业改征增值税的现实意义、国际经验借鉴与政策建议［J］. 财贸经济，2010（8）.
② 肖绪湖，汪应平. 关于增值税扩围征收的理性思考［J］. 财贸经济，2011（7）：24-28，62.
③ 聂海峰，刘怡. 增值税和营业税行业税负差异研究［J］. 税务研究，2011（10）：7-13.
④ 曲倍. 对物流企业营业税改征增值税的建议［C］. 中国快递论坛论文集，2011：6.
⑤ 夏杰长，管永昊. 现代服务业营业税改征增值税试点意义及其配套措施［J］. 中国流通经济，2012（3）：20-24.

效果尚不明确的情况之下，若是以增值税直接地全面替代之前的营业税尚且有些不合时宜，为了不引起大的问题，在进行"营改增"税制改革时还应设计相应的配套措施，将税制改革稳步推进。

古建芹等① (2012) 认为，在生产型增值税转向消费型增值税的基础上，我国经济发展方式的转变必然要遵从循序渐进的原则，与此同时在税收分配体制方面也应当做出相应的调整，建立更加规范的财税体系，在经济发展的过程中要保证"营改增"政策的顺利推行。杨志勇② (2012) 肯定了税制试点的方法可以避免"营改增"政策全面铺开可能产生的弊端，将政策推行过程中可能产生的问题置于可控范围内，任何一项改革都具有复杂性，"营改增"税制改革也不例外，因此在改革过程中实施的工作需要逐步落实，以求达到稳步推进税制改革的理想效果。杨震③ (2012) 指出，在 2012 年下调经济增长目标的情况下，我国征收营业税改增值税这一财政措施应当结合整个国家宏观的经济形势，充分考虑此举对于企业税负带来的影响。与此同时，还应积极吸收世界上其他国家在增值税税制改革过程中的有益经验，借鉴其他国家在税制改革时的配套政策，实现减轻企业税负这一目标。

直至 2013 年，我国"营改增"税制改革的实施范围已扩大到 8 省 3 市，营业税改征增值税的全过程涉及中央财政及地方财政体系的重大调整。彭艳芳④ (2013) 为了研究我国增值税、营业税及经济增长三者之间的关系，搜集了我国 1994~2012 年的相关数据，特别地，在研究"营改增"对经济增长的影响时将营业税与增值税的数额比值设为指标之一，结论表明征收增值税比征收营业税更加具有科学性，并且营业税改征增值税对于经济增长的影响效用是正向的，在长期上有利于维持经济的增长。李学林⑤ (2013) 运用了均衡模型，旨在评估"营改

① 古建芹，刘大帅，张丽微. 增值税与营业税合并的现实思考——以生产性服务业发展为例 [J]. 财政研究，2012 (4)：46-48.

② 杨志勇. 营业税改征增值税试点：趋势与展望 [J]. 涉外税务，2012 (5)：17-20.

③ 杨震. 对当前经济形势下营业税改征增值税的认识 [J]. 税务研究，2012 (7)：39-41.

④ 彭艳芳. 增值税、营业税与经济增长的关系探析——兼论"营改增"对我国经济增长的影响 [J]. 涉外税务，2013 (5)：28-32.

⑤ 李学林. 营业税改征增值税的税率评估——基于可计算一般均衡模型的研究 [J]. 财经理论与实践，2013 (5)：80-84.

增"税制改革过后不同的税率对经济增长及产业结构的影响，实证结果表明实施"营改增"政策确实适应于当下我国的经济发展形式，该税制改革举措有利于权衡税收制度对国家财政及经济结构的各种影响，并且选择营业税改征增值税总体上来说对国民经济的正常运行所带来的影响较小。杨慧[①]（2013）把握了"营改增"政策实施过程当中所要面临的各种难点与热点问题，审时度势，客观地提出了几点关于进一步稳推该项税制改革顺利进行的政策建议，主要包括：需要切实解决交通运输业在税制改革后税负增加较多的问题；相应地去解决实施试点工作之前交通运输业的存量资产抵扣的相关问题；切实解决进项税额抵扣相关的问题，包括路桥费、燃油费、保险费及修理费等。张伦伦和段义德[②]（2013）认为，"营改增"这一税制改革项目如果在全国范围内全面推行，那么必然会对财政管理体制及地区间存在的财政竞争等带来较大冲击，从而形成相应的联动效应。为了减轻税制改革引来的震荡，他们在深入分析改革的联动效应的基础之上，建议进一步推行相应的配套政策措施，保证"营改增"的顺利推行。刘景溪[③]（2013）在"营改增"试点政策实施情况的基础上，具体分析了上海作为试点城市进行"营改增"的政策效应，根据投入产出表并以全国税收调查数据为研究基础，分别测算了增值税扩围改革对地方政府财政收入的影响，研究结果证明"营改增"正常的实行确实会对地方财政收入产生一些影响。徐全红[④]（2013）认为，推行营业税改征增值税政策不应单兵突进，为了在整体上能够与其他税制改革措施相协调，应把构建起一套科学且合理的税收体制和重新考虑地方税的主体税种作为各项工作的重要前提。马海涛和李升[⑤]（2013）认为，全面推进"营改增"政策将会触及税收收益权的调整和触发税收征管的难题，因此在政策实施过程中必须进一步明确改革的方向，并采取相应的配套措施。马海涛和李升[⑥]（2014）紧接

① 杨慧.关于营业税改征增值税运行情况的调研及政策建议［C］.第十届沈阳科学学术年会论文集（经济管理与人文科学分册），2013：6.

② 张伦伦，段义德.营业税改征增值税的联动效应及应对措施［J］.税务研究，2013（4）：25-27.

③ 刘景溪.营业税改征增值税的政策效应分析及对策［J］.特别策划，2013（5）：9-13.

④ 徐全红.继续推进营业税改征增值税：税制协同与路径选择［J］.税务与经济，2013（3）：64-67.

⑤ 马海涛，李升.营业税改增值税：试点评价与改革方向［J］.税务研究，2013（4）：6-12.

⑥ 马海涛，李升.对分税制改革的再认识［J］.税务研究，2014（1）：13-20.

着阐述了他们对于分税制改革的再认识，指出由于之前的财政包干制暴露了许多的弊端，所以我国实行了分税制财政体制改革，然而分税制体制实施以来，尽管大体上取得了预期的效果，但是也存在一些问题需要改进。

白彦锋等[①]（2013）则具体分析了在沪深 A 股上市的多家具有代表性的交通运输业企业经营的状况，从这些上市公司在外购买货物及新增固定资产等方面的一系列数据着手，研究发现在采取低税率征税方式的同时，若是可以分情况地处理和计算新增固定资产中的可抵扣进项税额，便可以使实施"营改增"政策后的交通运输企业可能出现的税负不均等问题得到妥善的解决，在该项研究中白彦锋等还提出，为了提升我国物流业税收的整体征管水平，促进物流业实现一体化的发展，应当对全国的物流业实行统一的增值税税率征收方法。牛倩、刘恒[②]（2014）进一步认为，我国现今处于在经济转型的新时期所要面对的全面深化改革的重要阶段，政府和相关机构应当进一步理顺我国中央与地方，以及政府与市场这两大关系，在财税体系中推进预算的法制化，进一步建立健全转移支付制度，完善地方的财税体系及国家的财政管理体制。安致国[③]（2014）也肯定了"营改增"政策有利于进一步完善我国的财税体制，并且有避免重复征税的优点，同时他认为，减税政策可以有效地促进国家的产业升级，随着社会分工进一步得到细化和专业化，降低企业的税收成本可以在很大程度上起到优化国家产业结构、促进经济健康持续发展的作用。陈立等通过投入与产出表的相关数据，对我国实行"营改增"后各个行业的税负变动情况做出了测算，测算结果表明实施营业税改征增值税后行业的具体税负变动情况受到增值税税率、外购的可抵扣实物或服务的进项税额及其这类外购产品被纳入增值税的征收范围的实际比重等因素的影响，因此他们指出需要设计出合理的增值税征收的税率水平，尽量使征税的税率结构得到简化，适当扩大增值税的试点范围及可抵扣产品服务范围。熊燕然[④]

---

① 白彦锋，李贞，马志良. 交通运输业营业税改征增值税的难点及对策［J］. 税务研究，2013（1）：55-59.

② 牛倩，刘恒. 完善分税制改革的对策［J］. 税务研究，2014（1）：35-37.

③ 安致国. 论营改增的意义［J］. 财会研究，2014（16）：268.

④ 熊燕然. 营业税改征增值税对企业税负的影响——以赣粤高速为例［J］. 理论研究，2014（1）：113-116.

(2014) 以赣粤高速为具体的研究对象，通过搜集数据计算赣粤高速在实行"营改增"前后对其税负的影响，结果表明改征增值税后赣粤高速的税负得到了减轻，但是值得一提的是，熊燕然提出"营改增"政策达到有助于企业降低税负的效果必须满足以下三个条件：一是实行"营改增"的企业每年需要有大量新增的固定资产及在建工程，二是在税收征收过程中必须从建筑商方面取得对应的增值税抵扣发票，三是必须满足借款费用可抵扣的条件。如果无法满足以上三个条件，那么"营改增"政策非但不会起到降低企业税负的效果，反而会加重企业的税负负担。

3. 采用财政政策支持物流业发展的重要性研究

本书所要研究的是"营改增"对我国物流业的影响，交通运输业及部分现代服务业的"营改增"政策纳入全国范围的试点于 2013 年 8 月 1 日起实施。王健[①] (2004) 认为，现代物流业涉及经济社会的各方各面，物流对于经济的发展具有非常重大的影响，在我国现代物流业的发展过程当中，由于市场经济机制存在的内在局限性，现代物流目标在"市场失灵"的情形下难以得到全面的实现，不能缺少来自政府的干预，因此政府必须坚持科学发展观，制定相关的现代物流政策，全力弥补市场机制方面的不足，力促我国现代物流业的持续、健康、快速有序发展。黄小彪、黄曼慧[②] (2006) 指出，我国在现代物流业的发展过程中存在着政府职能缺失的问题。他们结合西方发达国家政府干预现代物流业发展的成功经验，提出要在吸收经验的同时建立起具有中国特色的物流管理体制，同时要营造物流业发展的有利环境，这些举动都需要来自政府方面适度有效的干预。

刘龙政、兰向旭[③] (2009) 指出，在我国物流业的发展过程中，市场机制发挥着最主要的作用，政府行为也对其发展有着重要的影响，就此深入分析了我国物流业发展和政府之间的关系，认为建立一个成熟完善的现代物流业，需要政府的介入。王贵平、苏钰杰[④] (2013) 认为，税收政策在帮助调整和振兴我国的物

① 王健. 现代物流发展中的政府作用 [J]. 中国流通经济，2004 (10): 16-19.
② 黄小彪，黄曼慧. 论政府对现代物流发展的干预 [J]. 铁道运输与经济，2006 (5): 21-24.
③ 刘龙政，兰向旭. 物流产业发展中政府的作用 [J]. 物流技术，2009 (5): 25-27.
④ 王贵平，苏钰杰. 税收制度对我国物流业发展的影响 [J]. 中国流通经济，2013 (6): 112-115.

流行业中起着非常重要的政策杠杆作用。同时，他们也指出我国物流企业在税收方面还存在着一定的问题，如税负不均、营业税存在重复纳税的现象及增值税的抵扣问题等。基于此，他们认为，我国应当积极借鉴世界上其他国家在税制与物流业征税方面的有益经验，重视物流业的发展状态，合理调整营业税的税目及适用税率，通过政策手段鼓励物流业进一步发展企业规模，在税制改革方面扩大试点企业的范围等。李红侠[①]（2013）则认为，为了适应我国物流业当前发展中所面临的结构升级等新要求，应该结合当下我国物流业的发展特点，积极构建能够促进现代物流业成长和发展的激励性财税政策，并且重点强调了促进物流信息化、建立现代物流中心及发展绿色物流的重要性。

4. 我国物流企业的税负水平及税制存在的问题研究

贺登才[②]（2006）强调，物流业属于微利行业，并且从各地物流企业的情况来说，其实际税收负担状况差别非常大。他认为，评价物流业企业的税负情况不仅要考虑名义税率的大小，更为重要的是要使物流业企业的实际税收负担水平大体上实现平衡。总的来说，他认为降低物流业企业的税负水平不仅有利于国家物流业的发展，也会给我国的税负平衡及涵养税源带来好处。贺登才[③]（2006）还通过实际调研活动，认为我国物流业的税收制度有许多问题亟待解决，包括物流企业如何界定、试点企业所属行业、自开票纳税人资格认定、非试点物流企业、第二批试点企业的申报、整合个体户车辆的发票抵扣、仓储业发票税率偏高和不能抵扣增值税、仓库租金能否抵扣、所得税属地征管，以及如何减轻税负和涵养税源的关系这十项问题。而后，贺登才[④]（2013）再次针对物流业税制问题展开研究，基于《关于减轻物流企业负担的调查报告》相关数据，指出实现"营改增"以后，交通运输业税负增加较多，其主要原因是税率偏高和抵扣不足。另外，物流各环节仍未实现税率统一，不符合物流"国九条"的基本精神，也不利于物流一体化运作。

---

① 李红侠. 促进我国物流业发展的财税政策取向 [J]. 税务研究，2013（6）：18–21.
② 贺登才. 关于物流企业税收政策的几个问题 [J]. 中国流通经济，2006（8）：19–20.
③ 贺登才. 税收，物流产业发展的关键——关于物流企业税收政策执行中几个问题的探讨 [J]. 中外物流，2006（8）：7–8.
④ 贺登才. 我国物流业政策环境回顾与建议 [J]. 中国流通经济，2013（3）：33–38.

吴才明和肖勇军[①]（2007）采用规范分析法，从营业税的具体税目及税率着手进行研究。他们认为，由于整个物流行业内部所包含的交通运输、仓储、邮政及货运代理这几个部分分别在营业税征收税目上属于不同的类别，各个部分的税率也不尽相同，可见物流行业税负不公平现象十分明显。另外，他们还指出，为了增强外资吸引力，我国给予了外资企业及外国企业税收优惠政策倾斜，这也在很大程度上造成了我国内外资物流企业的税负不公问题。王冬梅和鞠颂东[②]（2009）指出，传统的行业税负的计算方法并不能直接运用于物流业当中，因为各个行业的资本构成及利润率都存在差异，基于这两个因素，用传统方法计算会使物流业的税负水平明显地被低估。因此，在他们的研究中采用了差额利润修正法，搜集了物流业企业及交通运输业纳税的相关统计数据，对物流业的税负水平进行了较为客观且合理的分析和评价。他们经过研究发现，如果考虑到行业利润率等因素，较之企业自身的利润率，我国物流业企业的税负水平是非常高的，过高的税收负担降低了企业的赢利能力，所以他们进一步提出，应该采取政策措施对物流业企业实施税收优惠，如此一来方能促进我国物流业的发展，否则仅依靠自身的努力，物流业很难发展壮大。

关于当今物流业税制方面存在的问题，许多学者做出了贡献性的研究。王一夫[③]（2011）也对当时物流业税收问题做出了分析与总结，他认为我国的物流业在税收方面存在着以下六大问题：一是营业税存在部分重复纳税现象；二是物流企业综合税负相对偏高；三是现行税收政策使物流一体化运行受阻；四是整合社会运输资源中很难取得合法运输发票；五是物流企业所得税缴纳方式不完善，即预缴企业所得税的方式一定程度上影响了物流企业的网络关系，制约着物流企业的发展；六是难以辨别取得的抵扣发票的真伪。对这些问题，他也提出了相应的政策建议。刘丽娜和王楠[④]（2012）同样认为，我国的物流税制存在重复纳税、综合税负过高、不同环节营业税率不统一、税制改革试点范围小等问题，并在此

① 吴才明，肖勇军. 完善物流税收政策的研究［J］. 安徽工业大学学报（社会科学版），2007（6）：50-51.
② 王冬梅，鞠颂东. 中国物流业税收负担水平分析［J］. 中国流通经济，2009（1）：25-28.
③ 王一夫. 关于现代物流企业税收政策的调查与思考［J］. 现代营销（学苑版），2011（3）：95-96.
④ 刘丽娜，王楠. 探索物流业之税制改革［J］. 商品与质量，2012（5）：92.

基础上提出了降低物流企业所得税税率、扩大税制改革试点范围、大力发展保税物流仓库、统一营业税税率等税制改革建议。

陈少克和陆跃祥[1]（2011）对物流业涉税税种和税务管理现状进行了分析，发现目前我国物流业税收负担较重，税负分布不公平，存在重复课征问题，而且在发票管理、纳税地点、征收方式等方面也存在很多问题，对物流业税务征管提出了挑战。他们还指出，在现有税制体系下，物流业存在比较明显的逆法意识的避税行为。他们认为，为了完善我国物流税制，弥补税制本身的漏洞，纠正并规范企业涉税行为选择，应根据先易后难、稳步推进的原则，统一现有物流业税收优惠试点，将差额征收的营业税规定推广到整个物流行业；调整并规范营业税税目、税率设置；加快发票管理改革；推进增值税改革和纳税地点、征税方式的调整。王丹[2]（2011）在分析了我国物流业主要税种存在的问题的基础上，提出如下具体建议：将仓储企业营业税率改为按照生产资料流通企业实际增值额征收增值税；对全国区域性的生产资料流通企业统一缴纳企业所得税，对中小生产资料流通企业减免企业所得税；对物流仓储用地、铁路专用线等基础设施占地继续执行年度土地使用税税率，或者给予一定期限的减免或减半征收优惠政策；对生产资料流通企业所属仓储用房按房产余值计算缴纳房产税，结合房产已使用年限，给予一定比例的房产税减免优惠；按照生产流通企业的购销额单向计缴印花税；降低水利建设基金等地方性收费缴纳基数和费率。王冬梅等[3]（2014）指出，当前针对物流业的"营改增"政策还存在一些不足之处，由于各个行业的性质不同，运行方式也不尽相同，他进一步认为，如果不能解决好物流业或部分物流企业税负加重、不同业务环节中税目与税率不一致等不足，在政策实施过程中必然会出现更加棘手的问题。

5. 完善我国物流业税制问题政策建议研究

白景明[4]（2002）指出，虽然我国财政给予了物流业一定的优惠与支持，但

① 陈少克，陆跃祥. 我国物流税制存在的问题及对策研究 [J]. 中国流通经济，2011（6）：104-109.
② 王丹. 我国生产资料流通行业税收政策现状及相关建议 [J]. 中国流通经济，2011（8）：27-30.
③ 王冬梅，张福伟，钟乐. 我国物流业营业税改征增值税政策探究 [J]. 税务研究，2014（5）：36-38.
④ 白景明. 我国物流业发展中存在的财税问题及改革对策 [J]. 四川财政，2002（7）：11-13.

是仍然存在一些问题：一是尚未建立明确的政策支持体系，究竟是整体扶持还是结构性调整取向不明；二是各级政府片面利用财税政策支持本地企业，造成地区封锁；三是综合性物流企业应税数量多；四是企业所得税税率偏高；五是各地税政不统一，损害了公平竞争环境；六是财政对物流业的投入未及时转变结构，注重基础设施投入而忽略技术、人才和管理等方面的投入。基于此，他在分析了我国物流业税制方面的问题之后，提出了关于促进物流业发展的具体财税政策建议。他指出，物流业在当今社会基本上属于竞争性领域，所以理应积极为物流业企业创造一个较为公平的竞争环境。我国物流业的规模扩张已持续了一段时间，他认为，今后我国的财税政策还应重点解决如何提高物流业质量水平的问题。经过一番阐述之后，白景明还提出要有针对性地构建大型的物流基础设施，同时我国应该统一各地有关物流业的税收政策，降低物流业企业的所得税税率，进一步完善税制等。可以看出，白景明早在 2000 年初就已经对物流业税制改革有了比较正确的认识，各方面的见解也十分独到，符合社会发展的现实规律。

龚辉文[1]（2008）比较了国外有关物流业的流转税及所得税的政策，经过分析，他提出我国在税收政策上进行改革的长期方向应当是实施消费型的增值税，在对国外政策对比分析的基础之上，认为我国近几年在现有的税制格局下，现行的税收政策对我国物流业的发展扶持力度不够，可以借鉴国外在购置或者进口物流相关设备方面给予免税的优惠，同时美国华盛顿州对于物流业中符合政策条件的仓储设施采取退免税优惠等措施也值得借鉴。王浪花[2]（2011）比较分析了美国、荷兰、新加坡、法国等国家在促进物流业发展方面的税收优惠政策，据此提出了关于促进我国物流业进一步发展的建议，主要包括大力实施消费型增值税，给予现代物流良好的税收优惠，优化物流业税收环境；借鉴其他国家的成功做法，可以适当采取特别的专门针对物流业的税收优惠政策，在国家产业发展的整体规划上应优先发展物流业。

---

[1] 龚辉文. 国外物流业税收政策的比较与借鉴 [J]. 涉外税务，2008（9）：30-33.
[2] 王浪花. 促进现代物流业发展的税收政策国际经验探讨 [J]. 当代经济，2011（16）：86-87.

6. "营改增"对物流业的影响研究

对于物流业"营改增"政策，国外许多研究首先强调了物流业本身对社会经济的重要作用，其次也有不少研究课题对税收因素影响产业发展方面展开了深入的分析。Oskar[1]（2011）指出，合理的税务制度会对社会的产业供应链产生强大的正面效应。谈及供应链整合与供应链绩效方面的研究，国内外学者也做出了努力。通过分析现有文献可以发现，关于供应链整合的研究，国内外学术界主要从其概念（Stank et al.，2001；Frohlich & Westbrook，2001；陈建华和马士华，2006；Swink et al.，2007；Flynn et al.，2010）、影响因素，以及供应链整合的结果变量（Frohlich & Westbrook，2001；Narasimhan & Kim，2002；Rosenzweig et al.，2003；Das et al.，2006；Flynn et al.，2010；赵丽等[2]，2011）这三个方面进行分析论述。其中，关于供应链整合的影响因素，他们认为主要的影响因素有信息共享、伙伴关系、关系承诺、组织结构、权力、信任及企业文化等（Vickery et al.，2003；Pagell，2004；潘文安和张红，2006；叶飞和李怡娜，2006；Zhao et al.，2008；叶飞和徐学军，2009；Zhao et al.，2011）。然而，对于供应链整合与绩效具体关系的研究，目前学术界的探讨结果还存在分歧，主要对这方面展开研究的有 Saeed 等（2005）、Gimenez & Ventura（2005），而中国对于该方面的研究比较匮乏，大多是理论性的研究（谌小红[3]，2010；赵丽等[4]，2011），实证研究尚未深入展开，而国外学者对于行业及企业特质性等方面的考虑还有所欠缺。虽然大多数学者基于理论的分析均认为，从供应链上不同成员的各种关系、活动、流程、位置和运作的管理角度来看，供应链整合有助于提高绩效，但是在实证研究方面还有很多值得进一步探讨的地方。

对于我国具体情境下的税制改革问题，尤其是在企业如何应对这一变革的问题上，国外不少学者认为科学而又规范的涉税管理制度在任何情况之下都是一个

---

[1] Oskar Henkow. Tax Aligned Global Supply Chains Environmental Impact Ilustrations [J]. International Journal of Physical Distribution & Logistics Management，2011（9）：42-47.

[2][4] 赵丽，孙林岩，李刚，杨洪焦. 中国制造企业供应链整合与企业绩效的关系研究 [J]. 管理工程学报，2011（3）：1-9.

[3] 谌小红. 供应链整合对制造型企业绩效影响的实证研究——以湖南省制造企业为例 [J]. 财会通讯，2010（21）：116-118.

企业所必需的，良好的涉税管理不仅可以起到挽回企业现金流的作用，还能够在企业的财务系统设计方面提高对税收制度的敏感度，发达国家在该方面的理论研究及实证研究成果很多，值得我国的物流企业多加学习和借鉴。Perry[1]（2007）在其研究中肯定了物流业对于中国经济体系的重要性，且认为物流业可以发挥出许多不同的功能，然而中国的物流业产业链缺少有效的整合，制约了中国物流业的进一步发展。随着我国增值税扩围改革的深入推进，我国有越来越多的学者对"营改增"税制改革政策及其对物流业企业的影响进行全面的研究。韩绍初[2]（2008）认为，进行增值税的扩围改革，除了金融保险业等特殊行业之外，应该将服务业最大限度地纳入增值税的征税范围，并采用单一的税率。章洪涛[3]（2009）认为，"营改增"政策在很大程度上可以称之为完善我国流转税税制的重要决策，该举措的优点不仅包括了促使物流业相关企业更加规范其财务核算的方式方法，还能进一步紧跟时代需求，深化物流行业的体制改革，而且增值税扩围也有利于我国全面促进物流业的发展，对加快物流业技术改造、设备更新及减少能源消耗意义重大。刘志坚[4]（2010）提出实施"营改增"的税制改革道路需要分两步走，第一步应该对物流业及建筑业由营业税改征增值税，第二步再去考虑纳入其他行业。

喻均林[5]（2008）、薛一梅[6]（2010）等认为，分步实施改革是比较合理且符合实际的，这些学者都认为实行营改增应首先选择与货物交易等活动密切相关的行业，以促使增值税原先的抵扣链条进一步实现完整化。龚辉文[7]（2010）则认为，分行业进行增值税扩围的方案治标但不能治本，此前两税并存的政策所导致的问题并不会因此政策就消失。因此，经过分析他认为应当把服务业全面纳入"营改增"的改革范围，同时他还特别强调了服务业的增值税一般纳税人的标准

① Perry A. Trunick. The Many Faces of Logistics in China [J]. Logistics Today，2007（1）：48–53.
② 韩绍初. 中国增值税应进行第三次重大改革 [J]. 税务研究，2008（10）：24–26.
③ 章洪涛. 增值税转型条件下交通运输业应改征增值税 [J]. 交通财会，2009（1）：50–51.
④ 刘志坚. 增值税扩围应从物流业入手 [J]. 交通财会，2010（8）：53–56.
⑤ 喻均林. 对我国增值税征收范围的思考 [J]. 财会月刊，2008（19）：11–12.
⑥ 薛一梅. 关于我国增值税扩围改革的研究 [D]. 财政部财政科学研究所硕士学位论文，2010.
⑦ 龚辉文. 关于增值税、营业税合并问题的思考 [J]. 税务研究，2010（5）：41–43.

也应当与征税水平相协调。王珮等[①]（2014）采用了双重差分模型，以 2010~2012 年这三年在沪深两市上市的交通运输企业作为主要的研究对象，分析了"营改增"试点改革对我国上市的交通运输业公司具体的税收负担及业绩所造成的影响。实证结果证实了"营改增"政策有助于降低交通运输业的货物及劳务税负的结论，然而公司业绩水平却并不会因税制改革而发生显著的提升，同时从整体上看，这三年间我国的交通运输业把握了"营改增"试点改革的有利时机，在规模上实现了扩大。

李绍萍[②]（2014）指出，在我国进行"营改增"试点改革的过程中，实际上物流企业已然普遍存在着税负较重的困难，并且出现了企业和下属分支物流机构未能统一纳税、增值税率不一致、会计核算的调整难度较大等诸多问题。因此，李绍萍认为应该对物流业有关的税收政策做进一步的完善工作，具体包括统一增值税税率、扩大增值税进项税可抵扣项的范围、允许物流业集团统一纳税、明确试点企业的会计核算和调整办法等。王玉兰、李雅坤[③]（2014）结合会计核算的规范方法，深入分析"营改增"试点相关政策，具体研究了 2011 年在沪市上市的交通运输企业，以这些企业 2011 年的财务报表等数据作为基础，对样本企业实行改革试点工作后的流转税、所得税及应纳税所得额的升降事实做出了全面而系统的剖析，结论表明在企业没有新增固定资产的情况之下，实施"营改增"政策后的交通运输业企业不但不会使其税负减少，反而会使其税负增加、盈利水平下降等。王新红、云佳[④]（2014）运用了回归模型，以 50 家已经上市的交通运输业企业为研究对象，通过搜集得来的样本数据分析了"营改增"政策具体对样本公司的流转税税负及业绩的影响情况。研究结果与王玉兰等一致，进一步表明"营改增"政策会使交通运输业企业的流转税税负不降反升，但对上市企业业绩

① 王珮，董聪，徐潇鹤，文福生."营改增"对交通运输业上市公司税负及业绩的影响 [J]. 税务研究，2014（5）：8-12.

② 李绍萍. 营改增对物流业上市公司影响的实证分析 [J]. 中国流通经济，2014（5）：56-63.

③ 王玉兰，李雅坤."营改增"对交通运输业税负及盈利水平影响研究——以沪市上市公司为例 [J]. 财政研究，2014（5）：41-45.

④ 王新红，云佳. 营改增对交通运输业上市公司流转类税负及业绩的影响研究 [J]. 税务与经济，2014（6）：76-82.

的影响倒是比较微弱。因此，他们也指出有必要对当前实施的增值税税率进行合理下调，同时必须进一步扩大"营改增"的具体改革范畴。

蒋明琳等[①]（2015）深入探究了"营改增"试点引起的税负变化对试点企业造成的净利润的边际影响，并且计算了息税前这类企业的净利润弹性，文章选取接受试点前后 58 家上市的交通运输企业为样本，以这些公司两年的财务数据为依据，他们经过分析发现改革对于交通运输企业财务绩效的影响弹性非常显著，而对净利润的边际影响则不显著。于是得出结论认为，"营改增"政策对于交通运输企业的财务绩效不会产生直接的影响，相对地，通过积极促进企业的管理创新用以提高公司财务绩效才比较可行。郭均英、刘慕岚[②]（2015）得出了相反的结论，他们以首批在沪推行改革试点工作的上市公司为研究对象，具体分析了"营改增"政策的实施对这批上市公司经济效益的影响后果，研究结果表明"营改增"后该批上市公司的税负得到了降低，"营改增"政策的实施有利于提高企业的经济效益。马念谊、黄浦林[③]（2015）认为，"营改增"政策作为我国税制改革的重头戏，是我国进行经济升级的重要战略举措，它旨在利用增值税的抵扣机制优势，降低企业的税负水平，同时避免重复征税。随着我国经济改革步伐的不断加快，"营改增"政策的实施逐渐扩大范围，"营改增"的全面实施必将对我国经济税收产生深远的影响。

## 二、文献述评

经过对现有文献的归纳和梳理，可以发现国外学者对于增值税的研究都比较重视"营改增"的税率和实施范围，及该政策对经济发展各方面的影响等。从整体上来说，"营改增"政策只是我国国内及国外极少数国家所采取的一种特殊的措施，以应对经济的转型或者转轨，所以总体而言国外对该问题的研究比较有

---

① 蒋明琳，舒辉，林晓伟."营改增"对交运企业财务绩效的影响［J］. 中国流通经济，2015（3）：68-77.

② 郭均英，刘慕岚."营改增"对企业经济后果影响研究——以上海市首批实行"营改增"上市公司为例［J］. 财政研究，2015（4）：92-95.

③ 马念谊，黄浦林."营改增"的影响与对策研究［J］. 经济研究参考，2015（41）：57-59，65.

限。而国内的学者们近年来对于"营改增"政策的研究文献有很多，各方面的理论贡献也较为丰硕，不仅包括了"营改增"经济效益的研究，还有政策措施方面的研究也比较集中。但是，已有研究的研究对象比较单一，欠缺对产业结构升级、社会福利效应、经济增长效应的综合考量。并且，具体到物流业"营改增"的问题，既有的研究尚显得不够系统且比较单薄，关于"营改增"对我国物流业企业带来的影响及存在的各种问题的研究还不够深入，有待进一步加强。并且，从已有的研究成果来看，我国对于"营改增"的调查分析研究成果较多，但理论研究成果缺乏，所倚重的方法也大多以规范性研究为主而实证方法运用得较少。尽管许多学者对于"营改增"政策做出了述评和解读，但是也仅仅停留在这一层面，在当今市场经济的体制之下，现实情况更加复杂，而大多数学者根据研究所提出的政策建议在一定程度上缺乏系统性。

总体来说，现阶段学术界对"营改增"效应虽然有了一定的研究，但研究方法仍存在诸多缺陷。首先，现行"营改增"效应分析研究主要使用局部均衡分析方法，从而忽略了许多重要的税收间接和衍生效应的影响。其次，姜明耀（2011）、潘文轩（2012）、胡怡建和李天祥（2011）使用了投入产出法，但由于存在税收优惠众多、征管能力不足、数据体系不完整等，测算结果与实际差异甚大，效应分析不尽合理；平新乔等（2009）创建了一个多环节生产模型，并结合Creedy（1998）的研究成果测算比较营业税与增值税的福利效应，但由于使用了过于理想化的假设，测算结果也不尽人意。最后，现阶段"营改增"对行业税负影响的研究更是仅停留在静态测算层面，没有考虑到其动态变化，且测算误差较大。

"营改增"的实施对物流业的影响不仅体现在企业财务层面，更深层次影响到物流供应链系统及其绩效；不仅从宏观上对物流业产生深刻的经济影响，而且对具体的物流企业税收筹划和战略管理等方面都影响深刻，而当前这方面的研究还不够系统、不够全面。因而，非常有必要在现有研究基础上进一步综合运用相关研究方法，系统全面地对"营改增"给物流业带来的影响进行研究。在此背景下，本书尝试回答以下问题：①"营改增"后，物流业的税负发生了什么变化？对物流业的财务绩效产生了怎样的影响？②从供应链的角度，"营改增"对于物流企业的内部整合和外部整合（含上游的供应商整合和下游的客户整合）产生什么样的影响？③通过供应链整合对于供应链绩效影响的传导，"营改增"对于供应链的运作绩效产生了什么样的影响？是如何影响的？④面对外界环境的变化，物流企业应该如何应对？

# 第五节 创新点与不足之处

## 一、创新点

本书主要在以下三个方面存在创新：

（1）本书依次从增值税的评价性研究、我国进行"营改增"政策的必要性研究、采用财政政策支持物流业发展的重要性研究、我国物流业企业税负水平及税制存在的问题研究、完善我国物流业税制问题政策建议方面的研究、物流业"营改增"及其对企业的影响研究六个层面对国内外相关研究成果进行梳理和归纳。纵观现有的文献成果，虽有文献对国内外文献的评述是从上述一个或者几个角度展开的，但本书却是在参考现有相关文献评述的基础上，经过综合的分析和研究，总结出由上述六个层面构成的文献综述框架。因此，本书关于相关文献的综述是笔者思考整理的结果，最后形成的文献综述框架具有一定的创新性。

（2）考虑到我国物流业是在 2012 年开始实施"营改增"政策的，所以本书在相关数据的选取中，选择了上市公司 2008~2015 年的年报数据进行研究。2008~2011 年的样本数据可以对"营改增"前物流业发展的变化趋势进行较好的解释，并与"营改增"后样本数据的变化趋势进行对比，帮助解释"营改增"后物流企业的变化，减少本书研究的偏误。同时，本书是基于证监会在 2012 年颁布的行业分类板块展开相关研究的。因此，本书在数据的选取方面可能存在较为新颖的地方。

（3）本书在研究"营改增"对物流企业的影响时，先从理论角度阐述了"营改增"政策的实施对物流业业态、行业上下游、企业会计处理、财务分析、企业管理、纳税申报、企业赋税和利润等方面的影响，后结合物流业上市公司的年报数据，对"营改增"对物流企业税负和财务绩效的影响进行了实证分析，得出"营改增"政策对各细分行业上市公司的具体影响。本书在系统地分析所有影响的基础上，对各别层面的影响进行实证研究的方法，不仅是本书的一个尝试，也是本书的一个创新之处。

## 二、不足之处

尽管有以上创新点，由于各种因素，本书仍存在以下不足之处，还有待进一步完善。

（1）在测算各细分行业上市公司的财务绩效指标并分析公司的财务绩效评价表的过程中，物流企业的盈利能力、长期偿债能力和发展能力等指标的确立还不够细致，侧重于对数据的反映，而对行业发展质量评价有所欠缺。就已有的上市公司的年报数据，可能无法全面地反映整个物流业的发展水平。

（2）从物流业企业经营模式的角度提出的对策与建议可能考虑不够周全，另外，对税收筹划方面的建议尽管包括了合理选择纳税人身份、适当进行劳务外包等方面，但仍然不够全面，未来需要对政策建议方面做进一步的深入研究。

# 第二章　相关概念与基础理论

## 第一节　物流理论概述

### 一、物流和物流业的概念

1. 物流的概念

早在几千年前，物流活动就开始出现，其历史可谓源远流长。在社会经济发展的过程中，人们通过装卸物、储存、运输资物，使得物流活动与人类的生产生活有了紧密联系。物流是社会经济的基础活动，连接着买方与卖方、生产者与消费者，极大地促进了商品流通的速度，加快了经济发展的步伐，在社会经济发展的过程中扮演着日益重要的角色。虽然物流活动伴随着早期的商品经济的发展很早就已经产生，然而在很长一段时间里，人们对"物流"这个概念却没有清晰、明确的定义。物流这个词语作为一个概念出现并形成一门学科，最早是在 20 世纪初期的西方国家，距离现在也只有 100 多年的历史。

物流的概念最早出现在美国。约翰·格鲁威尔在 1901 年的美国政府报告《工业委员会关于农产品配送报告》中阐述了农产品流通的问题，提出并归纳了影响该问题的因素，对物流理论有了初步的认识，这正式拉开了人们对物流认识的序幕。1915 年，美国市场营销学者阿奇·萧在《市场流通中的若干问题》一书中正式提出物流的概念，称物流为 "Physical Distribution"，对产品在流通领域中的问题进行了论述，并对物流活动进行了更加深入的分析和探究。1933 年，行业团体美国市场营销协会对物流正式进行了定义："资料从产地到消费地的种种企业活动，包括服务过程。"尽管物流概念经过了一百多年时间的演化，但我国和欧美国家对于"物流"概念的理解仍各有不同，各国结合本国各自的实际情况，对物流概念进行了不同的界定。

当前美国和日本这两个全球物流业最发达的国家对"物流"这个词语的解释具有很强的代表性。2001 年，美国物流管理协会将物流定义为："物流是供应链过程的一部分，是对货物、服务及相关信息从起源地到消费地的有效率、有效益的正向、反向流动和储存进行计划、执行和控制，以满足顾客要求。"① 目前联合国物流委员会也采用了美国对物流的定义。欧洲物流协会这样定义物流："物流是在一个系统内对人员和商品的运输、安排及与此相关的支持活动进行计划、执行和控制，以达到特定的目的。"因此，我们可以得出这样的结论，西方国家对于物流的理解不仅局限在运输等具体运输环节，反而更看重关注于流通过程的协调、管理等方式，实现在成本最小的条件下收益最大化。

东方国家对于物流概念的理解更加关注其物理性质的变化，看重供求双方实现的商品之间的位置是否发生变化，它们在对物流概念的理解中增加了时间、空间元素。1981 年，日本日通综合研究所对物流进行了如下定义："物流是物质资料从供给者向需要者的物理性移动，是创造时间性、场所性价值的经济活动。从物流的范畴来看，包括包装、装卸、保管、库存管理、流通加工、运输、配送等诸多活动。"② 结合我国物流发展的实际情况，并参考美国、日本等国对物流的定义，2001 年 4 月 17 日，国家质量技术监督局发布了《中华人民共和国国家标准物流术语》。在此次物流术语解读中，国家质量技术监督局将物流定义为："物品从供应地向接受地的实体流动过程。根据实际的需要，将运输、储存、装卸、搬运、包装、流通加工、配送、信息处理等基本功能实施有机结合。"该标准对统一国内对物流的认识起到了积极的作用。然而伴随着国内物流的迅猛发展，我们

---

① 李松. 国际商业技术编辑部有关物流概念的一些资料 [J]. 国际商业技术，1998（4）：23-27.
② 日通综合研究所. 物流手册 [M]. 吴润涛译. 北京：中国物资出版社，1986：20-21.

对物流的认识不断深化和丰富，需要重新修订和完善物流的定义。

2. 物流业的概念

各个国家对于物流这个词汇的概念的理解虽然有所不同，但大同小异、基本趋同。随着经济的全球化以及科技水平的不断进步，物流产业的内涵和外延不断深化和扩展，不仅是国外还是国内，无论是专家还是学者，针对物流产业这一概念目前都还没有一个一致的定义。

美国物流管理协会在全球率先对物流产业进行了界定。它指出，"物流产业包括上游供货业、运输代理业、铁路行业、物流咨询行业、水运行业、航空业、海运业、小包裹运输业、仓储业、港口业、第三方物流产业、多式联运业、包装业等"。[①]

联合国的标准产业分类尚未专门把物流产业列入其中，这说明物流产业还是一个新兴产业。物流的服务性质决定了物流产业形成的目的就是为国民经济的相关产业提供运输等服务，这种服务是以满足相关产业、企业、地区和消费者的物流需求为出发点和落脚点的。

我国的国家质量监督检验检疫总局、国家标准化管理委员会颁布的《物流企业分类与评估标准》对物流企业做了如下定义："至少从事运输含运输代理、货物快递或仓储一种经营业务，并能够按照客户物流需求对流通加工运输、包装、储存、装卸、配送等基本功能进行组织和管理，具有与自身业务相适应的信息管理系统，实行独立核算、独立承担民事责任的经济组织，非法人物流经济组织可比照适用。"

根据三次产业分类法，可以将物流产业归为第三产业范围。产业经济学认为，"所谓产业是指生产同类产品或替代品的企业的集合，这一企业集合面对着相同的买者和卖者集合"。[②] 著名物流专家徐寿波院士提出了"大物流产业论"，即整个国民经济是关于生产、物流和消费的三大产业群的运作。物流作为支柱产业涉及流通加工、包装、运输、仓储、配送、物流信息、物流设备制造、物流设

① 孙战伟. 物流产业的边界及特征研究 [D]. 大连交通大学硕士学位论文，2009.
② 李高扬. 物流网络协同优化理论与方法研究 [D]. 天津大学博士学位论文，2007.

施建设、物流科技开发、物流教育、物流服务、物流管理等多项内容。物流业可以描述为融合运输、仓储、货运代理和信息等行业的复合型服务产业。<sup>①</sup>王文博（2007）指出，物流既具有独立服务的特点，又具有非独立产业形态，还具有供应链管理一体化所体现的经济利益共享特点，据此，总结得出物流产业是一种复合型产业形态。<sup>②</sup>徐青青（2003）将物流业划为第三产业，她从物流服务网络角度出发，认为物流产业是拥有物流专有资产企业（第三方物流）的集合体，提供多样性和综合性的物流服务。<sup>③</sup>

## 二、物流业的构成和模式

### 1. 物流业的构成

随着时代的改变和全球经济的快速发展，物流企业也变得更加错综复杂，成为了一种独具特色的综合型服务化产业，它将交通运输、信息处理、包装、配送、仓储、装卸等多项活动集于一身，通过满足用户或顾客的需求，将物资在规定的期限内从提供方转移到需求方的一项经济业务活动。一般地，物流产业主要是指构成物资物理（或实体）运动的行业（企业）集合，或者这些行业（企业）所组成的系统。我们可以从行业角度、物流组织形式、产业功能和流通功能三个角度对物流业进行分类。

从行业角度看，物流产业主要包括流通加工业、包装业、仓储业、交通运输业、物流信息业、货运代理业等。<sup>④</sup>流通加工业指在商品的流通过程中，为了提高产品的质量，增加商品的附加价值，而对商品进行加工、包装、分类等行为的总称，它是为了消费而进行的加工。包装业指对产品进行包装的行业，目的是使产品的保质期增加，使储存和运输更便捷等。物流业中的包装业需要专业的物流包装器材和方法，这样才能使产品更加美观，吸引消费者的眼球。仓储业是为委托人提供储藏、保存物品的一种行业，对货物的流转起到不可或缺的作用。厂商

---

① 杨春河. 现代物流产业集群形成和演进模式研究 [D]. 北京交通大学博士学位论文，2008.
② 王文博. 基于现代物流理念的我国航空货运产业发展研究 [D]. 上海海事大学硕士学位论文，2007.
③ 徐青青. 现代区域协同物流系统研究 [D]. 天津大学博士学位论文，2003.
④ 孙亮. 我国服务业演进的阶段性特征研究 [D]. 南京财经大学硕士学位论文，2010.

储存、保存产品，可以保证货源稳定，应对不时之需，降低市场突发性的风险。交通运输业是指在社会中从事运输货物及人的行业，主要包括航空运输、铁路运输、公路运输、水路运输和管道运输等，它是商品流通、运转的载体，是经济发展的大动脉。物流信息业指物流企业通过现代化的信息技术将物流业中的信息进行采集、分类、汇总、查询等管理行为的行业。它实现了信息的共享，为物流企业和消费者都提供了便捷服务，降低了产品的搜寻成本，提高了产品的交易效率，加强了企业和顾客之间、企业与企业之间的联系。货运代理业是一种代理服务，指货运代理人受到发货人或收货人的委托，通过一定的运输方式，为其提供货物运输的一种行业。它与委托人签订合同，是货物的承运人，但同时又与运输部门订立合同，这提升了产品运输的效率，提高了产品运输的安全性。

从物流组织形式划分这方面来看，物流业一共有三个分类，分别为第一方物流、第二方物流和第三方物流。[①] 第一方物流指的是从事生产的企业由于各种原因而发生的物流业务，即生产方出于生产和销售的需要而发生的物流活动，即为第一方物流。第二方物流是由购买方在从事商品流通时发生的物流活动。流通企业的日常经营活动是销售商品，在发生销售业务时就会使用物流活动，这样的物流活动就为第二方物流。第三方物流指生产方和流通企业将发展重心聚焦于核心业务，将自身的一些需要使用物流的边缘业务委托给专业化的企业或物流公司。20 世纪 80 年代，随着生产技术的进步带来的生产日益专业化，越来越多欧美发达国家的企业为了提升企业的专业化程度，以及降低企业的物流成本的需要，大量将企业物流业务外包，带动了第三方物流业的快速发展。一个新的市场需求往往能带动一个产业的兴起与发展，第三方物流就是顺应物流产业发展的需求，由此开始进入一个崭新的发展阶段。它借助专业化优势，提升了物流效率，提高了服务质量，缩短物流时间，更能适应社会的需求，因而获得了市场的青睐。目前，美国使用第三方物流的企业比例已经过半，欧洲更是达到了将近 80%，但即使这样，全球对第三方物流的需求程度依旧在提高。我国近年来第三方物流发展很快，市场占有率不断提高，但市场占比尚不足 1/4，与欧美发达国家相比，我

---

① 胡基学. 支持物流业发展的财税政策研究 [D]. 财政部财政科学研究所博士学位论文，2014：27-28.

国第三方物流发展相对落后，制约了服务业的发展。

根据产业功能和流通功能对物流产业进行横向划分和纵向划分。[①] 物流产业横向划分包括物流信息管理产业、物流装备制造产业、物流基础产业。物流信息管理产业负责为现代物流运作提供信息管理支持，实现计算机系统技术和通信技术与物流各环节的结合，此产业提供物流信息系统所需的硬件设备、软件设备及信息管理设备。物流装备制造产业侧重于提供实施物流所需的集装设备、运输工具、装卸器具、搬运辅助设备等设施。其中，集装设备包括集装箱、集装袋、集装桶、周转箱、物流箱、周转筐、吨袋、充气袋；运输工具包括货运汽车、铁道货车、货运航空器、货船、邮轮、驳船；具体场所应用器具包括仓库设备、装卸机具、输送设备、分检与理货设备、物流工具等。物流基础产业能够提供开展物流的硬件设施设备，如交通线路、中转节点，配货、理货加工中心，货物集散中心等，具体包括承载运输方式如铁路、公路、水运、航空、管道等设施建设，提供货物集场地如车站、货场、港口、机场、仓库等。

物流产业纵向划分为交通运输业、储运业、通运业、配送业及流通加工业。交通运输业包括各种不同运输形式的小行业，而且包含为主体交通运输起支撑、保证、衔接作用的许多行业。储运业以储存为主体且兼有多种职能，国内储运业规模远小于交通运输业，具体包括五大行业，即军队储运业、物资储运业、粮食储运业、商业储运业及乡镇储运业。通运业是国外物流业的主要行业，指货主和运输业之外的第三者从事托运和货运委托人的行业，是除直接承运外的运输承办行业。配送业以配送为主体，一般从事大量商流活动，是商流、物流一体化的行业。流通加工业是指对流通中的物品进行包装、分割、计量、分拣、组装、价格贴付、标签贴付、商品检验等作业加工的行业。国内一般是指流通部门所办及其归口的各类生产加工企业。

2. 物流业的模式

物流业的模式大致可以分为企业物流和物流企业两种，下面将会具体介绍。

在前文所提到的《物流术语》中，对于"企业物流"做出了如下解释："企业

---

① 吴爱东. 中国现代物流产业发展与制度创新研究 [D]. 南开大学博士学位论文，2009.

物流"是企业中物品发生的位置变化过程。简单来说，就是在企业生产过程中，对商品流通环节中的一系列活动，其中包括供应、生产、销售、回收、运输、仓储、卸载、移动、包装、再加工，以及信息处理等活动。按照企业活动划分，企业物流又可以细分为供应物流、生产物流、销售物流、回收物流四个部分。

供应物流指包括原材料等一切生产物资的采购、进货运输、仓储、库存管理、用料管理和供应管理等活动，是供应商向上游的生产商提供原材料的活动，因此也被称为原材料采购物流。它是生产物流系统中独立性相对较强的子系统，和生产系统、财务系统等生产企业各部门，以及企业外部的资源市场、运输部门有密切的联系，对企业生产的正常、高效率进行发挥着保障作用。

生产物流指产品在一种生产过程或者多种生产过程中发生的活动，包括原材料、在产品和产成品的仓储管理、库存管理、运输和装卸等。一般是指原材料、燃料等生产要素投入生产后，经过下料、发料，运送到各加工点和存储点，以在制品的形态从一个生产单位流入另一个生产单位，再对这些在制品实行仓储，通过运输环节在某个点内流转，又从某个点内流出，始终体现着物料实物形态的流转过程。

销售物流指生产企业、流通企业出售商品时，物品在供方与需方之间的实体流动，是消费者和生产者之间的桥梁，是商品实现价值体现的过程。产品在销售过程中，企业将产品的所有权转给用户，实现了产品从生产地到用户的时间和空间的转移，因而人们又将销售物流称为企业销售物流。销售物流是企业物流系统的最后一个环节，与企业销售系统相配合，通过一系列营销手段出售产品，满足消费者的需求，共同完成产成品的销售任务，实现产品的价值和使用价值，因而销售物流是物流环节中最重要的环节。

回收物流指不合格物品的返修、退货及周转使用的包装容器从需方返回到供方所形成的物品实体流动。企业在生产、供应、销售的活动中总会产生各种边角余料和废料，这些东西的回收是需要伴随物流活动的。如果回收物品处理不当，就会影响产品质量，造成资源浪费，甚至导致环境污染。显而易见，环保因素是该物流环节的核心体现。企业利用回收物流，使不合格物品经过一系列的处理改造重新实现价值增值。

2004 年 8 月经国务院批准，国家发改委等 9 部委共同发布了《关于促进我国现代物流业发展的意见》（以下简称《意见》），其中就明确给出了我国官方关于物流企业的定义。《意见》指出，物流企业是租用或者具备必需的流通工具和存储设施，能从事仓储及运输两种或两种以上的经营活动，提供运输、仓储、装卸、加工、代理、分拣、配送等一体化服务，并具有与自身业务相适应的信息管理系统，经过工商行政管理部门登记，能实行独立核算、自负盈亏、独立承担民事责任的经济组织。

随着企业的生产和管理及经济市场环境的变化，企业的营业模式应该从以前的"横向一体化"转变为"纵向一体化"，企业应该主要经营关键领域，而非核心业务就交予其他企业来完成，以此来快速响应市场的需求，提高产品的市场竞争力。为此，企业应该专注于核心业务，将边缘业务剥离给其他专业物流公司。越来越多的企业出于降低物流成本等目的，将自有物流委托给专业的物流企业，"第三方物流企业"应运而生，并逐步发展壮大。

相对于第一方发货人和第二方收货人，有了第三方的概念。物流服务公司是代表"第一方"或"第二方"来执行的，并不是一个完全独立的参与者。所谓第三方物流是指第一方的生产经营企业为了集中精力搞好主营业务，通过信息控制系统与第三方物流企业保持密切联系，同时将本来应该是自己的物流活动交给专业的物流企业来做，从而有效实现了物流运作与管理控制。

## 三、物流业的特征

尽管任何产品在销售过程中，都既会出售有形因素的商品，也会提供无形因素的服务，但物流业主要提供无形的服务，物流服务有以下几个主要特点：

第一，物流服务是无形的。商品是一种有某种使用价值的物品，是由某种材料制成的，具有一定的重量、体积、颜色、形态和轮廓的实物。而物流服务主要表现在活动形式上，不物化在任何耐久的对象或出售的物品之中，不能脱离具体物体独立存在。顾客在购买服务之前，无法看见、听见、触摸、嗅闻物流服务；在物流服务之后，顾客并未获得服务的物质所有权，而只是享受一种服务过程，获得一种消费体验。

第二，物流服务是不可存储的。物流服务容易消失，不可存储。物流企业在为顾客服务之后，服务就立即消失。因此，购买劣质服务的顾客通常无法要求企业退款，难以重新要求卖方提供同质服务。物流企业也不可能像制造企业那样，维持足够的生产能力，在淡季多生产产品并储存起来，应对旺季时的大量需求。如果某个时期市场需求量小，物流企业的生产能力就无法得到充分利用；而在市场需求量超过生产能力时，物流企业就难以满足全部的消费需求，会丧失部分市场份额。当然，尽管物流服务容易消失，但物流企业可反复利用其服务设施，提高服务的数量。因此，物流企业要保持持久的销售量，最好的方法是留住忠实可靠的老顾客，提高服务满意度。

第三，物流服务具有差异性。差异性是指物流服务的构成成分及其质量水平经常变化，很难统一界定。由于员工个人能力、性格、态度、环境等主客观条件的差异性，物流企业提供的服务不可能完全同质，即使同一个人提供的服务也不可能始终如一。与制造企业相比，物流企业往往不易制定和执行服务质量标准，不易保证服务质量。物流企业可以在工作手册中明确规定员工在这一服务场合的行为标准，但管理人员却很难预料有各种不同经历、性格特点、工作态度的员工在这一服务场合的实际行为方式。除了员工的服务态度和服务能力会造成服务的差异性，顾客对服务的主观评价也会导致差异性，同样的服务对一部分顾客是优质服务，对另一部分顾客却可能是劣质服务。当今社会崇尚个性化的服务需求，这也促使物流企业应通过提供差异化的服务在市场立足。

第四，物流服务是不可分离的。有形产品可在生产和消费之间的一段时间内存在，并可作为产品在这段时间内流通；而物流服务却与之不同，它具有不可分离性的特征，即物流服务的生产过程与消费过程同时进行，也就是说企业员工提供物流服务给顾客时，也正是顾客消费服务的时刻，两者在时间上不可分离。由于物流服务本身不是一个具体的物品，而是一系列的活动或过程，所以物流服务的过程也就是顾客对服务的消费过程。正因为物流服务的不可分离性，不需像产品一样要经过分销渠道才能送到顾客手中，物流企业往往将生产、消费场所融为一体，顾客必须到服务场所才能接受服务，或物流企业必须将服务送到顾客手中，因此各个物流服务网点只能为某一个地区的消费者服务，所以物流网络的建设是物流企业管理人员必须做好的一项重要工作。

第五，物流服务具有伴生性。物流是以满足客户需求为目的，通过各类服务实现各类效用的服务性活动，物流产业的产出是以服务形式体现的，即服务是其本质及核心功能。物流服务是以其他产业为依托，不能作为某个实体物独立存在，是伴随其他活动实现的伴生性活动，因此物流服务是以快速响应需求为出发点和落脚点的。物流是流通领域的重要组成部分，是商流转移的主要途径，物流产业的价值也体现在服务其他产业带来的价值，任何以产品为产出的产业都需要物流支撑实现产品的流动、市场的供给。这种伴生性特点决定了物流产业的延续性，只要由物流业支持的产业处于存续状态，物流产业就会一直延续。

## 四、物流业的地位和作用

### 1. 物流业将国民经济系统中的很多部分紧密联系起来

马克思主义经济学中讲到，要想实现商品的价值必须通过交换。物流的作用充分佐证了这个政治经济学理论，凸显了物流业在国民经济中的重要性。商品的流通依赖于物流，物流业的市场效率会直接影响商品的流通速度，进而影响产业的发展。物流就像一张商业关系网，在市场中的供应方和需求方之间紧密穿梭，将它们紧紧地联结在一起。供应方借助物流获得生产产品、服务的要素资源，缩短产品的生产时间；需求方借助物流能够快速地获得来自供应方提供的产品和服务。物流的效率还会影响消费者所购商品的成本、价格，因此物流业的发展与消费者的利益也息息相关。物流业在国民经济系统中处于基础产业，这就意味着物流业会影响许多相关产业。如今物流业不是简单地把物品流通起来那么简单，而是越来越系统化、专业化、信息化、网络化。它贯穿了第一、第二、第三产业，借助电子商务和信息现代化的手段，将劳动密集型企业、资本密集型企业与管理密集型企业等多种类型企业紧紧地联结在一起，形成了利益共同体。

### 2. 物流业的技术进步可以促进产业结构的优化升级

当今世界，世界经济的发展呈现社会化生产向标准专业化生产转变的趋势。各国都在向该方向转型，在此之中，物流业将会扮演极其重要的角色。物流业是一个朝阳产业，也是新出现的现代服务业中最重要的一种。物流业作为服务业中一个极其重要的组成部分，作为一种基础性、战略性的产业，自身的发展壮大可以推动整个第三产业的发展，而第三产业的发展壮大则大大推进着产业结构的优化升级，从而能够推动我国经济结构的不断调整变化。物流业的蓬勃发展不仅可以推动全社会流通体系的建设，使各个行业内部的流通更加畅通，真正实现"物畅其流"。同时，物流业的大力发展也促进了各个产业部门之间的联通和配合，对相关产业的资源进行整合，促进各个企业都能专注到自身的优势产业，并不断对其产业技术等进行优化升级，最终促进各个产业的协调发展。

3. 物流业的发展可以增加社会就业

我国是一个人口大国，就业问题一直都是一项艰巨而繁重的政府任务，关乎整个社会的稳定和国家的发展。物流业的产业链条众多，涉及加工、包装、运输、仓储、流通、配送、代理、装卸等主要环节，这些环节都属于劳动密集型工种，所涉及的工作流程多，需要大量的劳动力，这一特点对增加就业岗位，缓解就业压力有着明显优势。据统计，目前我国物流从业人员高达2000多万人，物流企业既需要高端管理和业务型人才，也需要大量普通操作岗位的人员。随着物流企业的不断发展，其对员工的需求也在不断增长。因此，从扩大就业、改善民生、促进社会稳定这个方面来说，物流业发挥着举足轻重的作用。

4. 物流业可以转变企业的发展方式，增强企业的国际竞争力

2015年，我国社会物流总额高达220万亿元，与5年前相比增长70%左右，5年年均可比增幅约为8.7%，社会物流总费用与GDP的比率为16%。按照中国物流与采购联合会的测算，物流业每增加6.54个百分点，就可以带动现代服务业增加1个百分点，每个单位的业务增加量更需要3.4个单位的物流量来支撑。[①] 工业的发展正面临着如何转变发展方式、如何节能增效、如何提高效率、如何减轻生态环保压力等诸多问题，而物流业的发展能给工业化带来的最直接的效益就是成本的节约、效率的提升、市场的不断拓展、竞争力的增强。我国自加入WTO之后，更深层次地参与了世界经济体系，以及国际产业分工与合作。我国作为世界工厂，向各国提供生产产品和服务，这就要求我们必须有完善的物

---

① 贺登才. 关于物流业推行增值税改革的政策建议 [J]. 权威论坛，2011 (10)：60.

流体系来优化相应地区的投资环境，降低企业物流成本，才能在国际竞争中占据有利地位。

# 第二节　营业税概述

## 一、营业税的概念

营业税是一个比较古老的税种，最早起源于中世纪的欧洲。1791 年，法国首次用营业税代替原来的许可金来征税，后来被各国相继采用。我国在明代就出现了类似营业额性质的税收。1931 年，中国国民政府从国外引入营业税，制订了营业税法，开征此税，一直沿用至新中国成立。1950 年，中华人民共和国出台了《工商业税暂行条例》。该条例规定，凡在中国境内的工商经营企业，均应按营业额缴纳营业税。1958~1984 年，营业税在我国不再作为一个独立的税种，而是采用在试行的工商统一税及后来试行的工商税中设置若干税目征收，直到 1984 年《中华人民共和国营业税条例（草案)》出台后，营业税才被恢复征收。1993 年 12 月 13 日，国务院发布《中华人民共和国营业税暂行条例》（以下简称《营业税暂行条例》)，自 1994 年 1 月 1 日起施行至今。我国现行的营业税是对纳税人提供应税劳务、转让无形资产或销售不动产的过程中取得的营业额作为计税依据而征收的流转税。

营业税的概念有广义与狭义之分。广义的营业税不对征税范围做具体划分，只是针对征收对象，对取得商品和劳务收入的单位和个人，就其所从事的经营活动所取得的营业额进行征收。狭义的营业税概念即《营业税暂行条例》中规定的，也是我们经营核算中经常用到的概念，即营业税是对在境内提供应税劳务、转让无形资产或销售不动产所取得的营业额而征收的一种流转税。我国对营业税实行普遍征收，以营业额全额为计税依据，根据不同行业设置税目及相应税率。营业税的计算方法是以纳税人营业收入全额为税基，乘以营业税税率。

## 二、营业税的特征

### 1. 征税范围广，税收稳定

营业税的征税范围包括在我国境内提供应税劳务、转让无形资产和销售不动产的经营行为，课税客体主要集中于我国的第三产业。第三产业贯穿人们的日常生活，与人民群众生产生活关系密切，因而营业税的征税范围具有广泛性和普遍性。第三产业的营业税纳税人无论经济效益如何都必须支付营业税，这决定了营业税可以给我国财政带来稳定的收入。随着第三产业的不断发展，营业税的收入也将稳步增长。

### 2. 以营业额为计税依据，计算方法简便

营业税计税方法简单、易于掌握，即按照营业额和规定的税率计算应纳税额。营业税的计税依据为各种应税劳务收入的营业额、转让无形资产的转让额、销售不动产的销售额（三者统称为营业额），税收收入不受成本、费用高低影响，企业发生了多少营业额，就按照多大的营业额征税。营业税实行比例税率，计征方法简便，符合税收计征简便的原则。

### 3. 按行业设计税目税率，税率多样化

营业税与其他流转税税种不同，它不按商品或征税项目的种类、品种设置税目税率，而是从应税劳务的综合性经营特点出发，按照不同经营行业设计不同的税目、税率，即行业相同，税目、税率相同；行业不同，税目、税率不同。我国现行税法按照行业、类别的不同设置营业税的税目，营业税下设各子目，分别为交通运输业、建筑业、金融保险业、邮电通信业、文化体育业、娱乐业、服务业。我国目前营业税税率设计的总体水平较低，其中转让无形资产和销售不动产税率在3%~5%，只有娱乐业最高税率达到20%。

### 4. 采用多环节全额征税

在商品生产流通的各个环节当中，每经过一个环节，只要产生营业行为和营业收入，就需要计算征税一次。营业额是营业税的计税依据，因此流通中的每个环节所征收的营业税，在下一环节都会被再次作为征税的基数而征税。

### 三、营业税的弊端

1. 营业税多环节重复征税，缺乏抵扣链条

我国的营业税没有实行抵扣制度，每经过一个流通环节，就需要按全部营业额征一次税，因而营业税存在严重的重复征税问题。对于制造企业，购买服务缴纳的营业税不允许抵扣，增值税抵扣链条中断；对于服务业企业，计算征收营业税时不允许抵扣外购材料缴纳的进项税，同时影响其下游的营业税不能抵扣，所以增值税一般纳税人也无法用所缴纳的营业税抵扣税额，如此实际上形成了重复缴税，加重了企业的税收负担。部分生产性企业为了减少重复征税，将日常生产经营活动中的生产性服务业纳入制造环节，与现代社会分工的细化趋势背道而驰。

2. 计税方式不利于中小企业的发展

营业税纳税根据的不是营业税纳税人的效益，而是依据其营业收入额缴纳营业税。这种计税方式加重了服务业的税负，提高了企业的税收成本，加重了企业的负担，不利于增强企业发展能力，不利于国民经济健康协调发展。中小企业与大企业相比，市场竞争力相对较低，对税率比较敏感，经济效益受到营业税的影响较大。政府的税收政策应当有利于壮大中小企业，但我国目前营业税的计税方式反而增加了它们的成本，不利于中小型企业和那些处于创业初期的企业的发展。

3. 营业税税种不适用出口退税，降低了行业的国际竞争力

各国对出口商品的货物和劳务税普遍实行"零税率"，即将出口的商品在国内已缴纳的货物和劳务税会在出口环节一次性退还给企业。[①] 我国现行的营业税制对向国外输出劳务服务的单位可以免征营业税，但如果是境内单位派出赴境外提供劳务服务的，属于境内提供应税劳务，必须缴纳营业税且不能退税，这是我国服务业在国际上总体竞争力不强的一个重要原因。

4. 第三产业征收营业税，不利于我国服务业的发展

我国以行业划分增值税和营业税的征收范围，服务业征收营业税，制造业征

---

① 方同艳.营业税改征增值税试点对地方税收的影响及应对策略思考 [J]. 九江地税，2012（11）：34-36.

收增值税。营业税每经过一个流通环节，就需要按全部营业额征一次税，因而营业税存在严重的重复征税问题。当前，国家正在大力发展第三产业，特别是现代服务业，把发展服务业作为优化产业结构、转变经济发展方式、提高发展质量的重要抓手。然而营业税在多环节重复征税，严重制约了我国第三产业，尤其是现代服务业的发展，其中就包括现代物流业。根据国家税务总局的统计数据，服务业的税负较高，且高于征收增值税的制造业，增加了服务企业的成本，制约了我国服务业的发展。

# 第三节　增值税的概述

## 一、增值税的概念

在全球税收发展历史中，增值税是一个比较新的税种，是一种销售税，属累退税，是以商品价值中的增值额为课税依据征收的一种价外税。增值税的观点最早是由耶鲁大学教授亚当斯在 1917 年提出的，之后在 1921 年，德国的西蒙斯首次较为全面地论述了增值税制度的内容并提出了该名称。现在全球通用的增值税于 1954 年在法国诞生，是法国经济学家法里斯·劳拉于 1954 年发明，并且在法国开始征收。增值税的出现使传统销售税重复征税的问题得以有效解决。到目前为止，增值税被世界许多国家和地区广泛采用，已在全世界 170 多个国家和地区开征，成为世界第一大税种。征税范围基本覆盖了所有货物销售和劳务提供业务。增值税征收通常包括生产、流通或消费过程中的各个环节，是以增值额或价差为计税依据的中性税种，理论上包括农业各个产业领域（种植业、林业和畜牧业）、采矿业、制造业、建筑业、交通和商业服务业等，或者原材料采购、生产制造、批发、零售与消费的各个环节。按照对购入固定资产已纳税款的处理方式不同，分为生产型增值税、消费型增值税和收入型增值税。

增值税在 1979 年引入我国，逐渐成为我国流转税中的重要一环，相继对上海、襄樊、柳州等城市的机器机械等 5 类货物试行。1982 年，财政部出台《增值税暂行办法》，并从 1983 年 1 月 1 日开始在全国范围内实施。1993 年国务院又发布了《中华人民共和国增值税暂行条例》，规定增值税的征税对象主要是货物销售或提供劳务的增值额，是一种就增值额征税的流转税类型。1994 年，政府将征税范围扩大到所有货物、加工、修理修配劳务，一直延续至今。此后，增值税又经过两次重大改革：一次是在 2009 年，我国实行了增值税本身税制的完善。在 2009 年以前，我国实行的是生产型增值税，对购入固定资产的进项税额是不允许进行抵扣的；2009 年以后，我国转而实行消费型的增值税，将抵扣范围扩大，将机器设备纳入抵扣范围，允许固定资产进项税额从当期销项税额中抵扣，减轻了企业的税收负担。另一次是从 2012 年开始扩大增值税的范围，从试点地区的试点行业开始实行营业税改征增值税这一措施，逐渐推广至全国，进而代替营业税。2012 年开始的"营改增"，是我国立足于完善增值税的普遍征收，力图将我国税制与世界接轨，增加我国服务业的国际竞争力的改革。

根据《增值税暂行条例》的规定，我国增值税的纳税人为在我国境内销售货物或者提供加工、修理修配劳务，以及进口的单位和个人。就计税原理而言，增值税是对纳税人销售货物、进口货物，以及提供加工、修理修配劳务的过程中产生的新增价值或附加值征收的流转税。作为计税依据而征收的流转税，由于在具体操作过程中，产品生产、流通过程中的商品新增价值或附加值很难进行准确计算，征税机关无法直接对其征税。从征税的可操作性出发，目前世界各国大多采用税额抵扣方式来征收增值税。增值税税额计算过程遵循对增值因素进行计税的基本原理，具体方法为根据产品或劳务的销售额，按规定税率计算出销项税额，同时对所购产品、劳务在以往流通中已经缴纳的增值税额进行计算，从销项税额中扣除已缴纳税额，则可计算出企业应该缴纳的增值税额。但这仅是增值税的基本计税方法，针对不同地区、不同国家具体的经济形势和市场运作方式，增值税的税率、具体实施规则等都有所不同。①

---

① 黄贵德. 中国增值税转型问题研究 [D]. 山东大学硕士学位论文，2006.

## 二、增值税的特征

增值税之所以能够在世界上众多国家实行，是因为其可以有效避免商品流转过程中的重复征税问题，显示了优越性。增值税具有以下特点：

第一，保持税收中性。根据增值税的计税原理，增值税额等于销项税额抵减进项税额，其差额为增值部分。对于同一商品而言，无论流转环节多少，只要增值额相同，税负就相同，生产结构、组织结构和产品结构都不会被影响。从生产经营者角度来说，无论生产什么，只要价值增加额相同，税负就相同；从消费者的角度来说，无论购买什么，只要售价相同，税负也就相同。所以增值税在生产和消费环节是中性的、公平的，不会影响商品的生产结构、组织结构和产品结构，有利于市场经济体制下不同经济成分之间的公平竞争，解决了全环节生产经营企业和非全环节生产经营企业税负不平衡的现象，有效地避免了重复征税，将税收对经济决策的扭曲降到最低。

第二，征税涉及范围广，税源足。从增值税的征税范围看，对从事商品生产经营活动和提供劳务的所有单位和个人，在商品和劳务的各个流通环节都向纳税人普遍征收，涉及商品生产、批发、零售各环节，以及应税劳务的增值环节。增值税对经济活动中商品和劳动的增值额和附加值征税，所以增值税可以涵盖社会经济活动的各个部门、领域、环节，拥有充足的税收来源，具有很广阔的税基，能够确保财政收入取得的普遍性，可以为国家组织税收收入提供可靠的保障。

第三，税收负担由商品的最终消费者承担。增值税虽然是向纳税人征收，但是实际上纳税人每个阶段所征的税款全部包含在商品的货款中，也就是消费者支付的价格中，所以在销售商品的过程中增值税会随着商品的流通，从上一环节的纳税人转嫁给下一环节的消费者，纳税人已经缴纳的税款都会从购买者那里得到补偿。只要商品实现销售，该税收负担会由最终消费者承担。对于纳税人来说，增值税本身并不构成企业经营成本的组成部分，在其财务报表中也不作为支出列示。

第四，实行抵扣原则。在计算纳税人应缴纳税款的过程中，需要扣除商品在以前生产经营环节已负担的增值税，相当于只对增值额的部分征收。这样可以避免重复征税，达到税负公平的目的，促进专业化生产经营活动的形成。世界各国普遍实行凭购货发票抵扣制度。我国目前采取两种方法抵扣：一种是以票抵扣，依据取得的增值税专用发票和海关进口增值税专用缴款书上注明的增值税额进行抵扣；另一种是计算抵扣，主要用于运费的计算抵扣和购进农产品的进项抵扣。

第五，实行比例税率。世界上实行增值税制度的国家普遍实行比例税制，因为这种方式计算简便，征收易行。增值税的中性特点也要求其征收采用单一比例税率，这样增值税的整个抵扣链条才会完整。但是各国由于各自经济和社会情况的不同，会对不同商品采用不同的税率。我国的一般纳税人增值税税率分为基本税率（17%）和优惠税率（即低税率，13%）。

第六，实行价外税制度。与营业税、消费税不同，增值税是一种价外税。增值税的计税依据是不含增值税税款的销售额，在计算应纳增值税时，有时会需要将含税金额通过除以 1 加增值税税率后换算为不含税金额，从而计算增值税。这样有利于生产价格的均衡化，也有利于税收负担的转嫁。

### 三、增值税的类型

增值税分为不同的类型，按照对购置固定资产已缴纳的税款处置方式的不同，可以将增值税分为生产型增值税、收入型增值税和消费型增值税。下面分别介绍这三类增值税的不同含义。

生产型增值税的计税依据是销售收入减去用于生产经营的外购原材料、燃料、动力等物质资料的价值后的余额，纳税人根据余额缴纳增值税，其购入固定资产时缴纳的进项税款不予扣除。这种类型增值税的税基，即增值额大概相当于国民生产总值，因此称为生产型增值税。

收入型增值税的计税依据是销售收入减去用于生产经营的外购的原材料、燃料等物质资源价值后，还可以扣减已提折旧的固定资产的余额，纳税人以最后的差额作为计税依据计算缴纳增值税。从宏观经济来看，这种类型增值税的增值额大体相当于国民收入，因此称为收入型增值税。

消费型增值税与生产型增值税最大的区别在于购置的固定资产已缴纳税款的处理。消费型增值税除了可以将用于生产经营的外购原料、动力燃料等物质材料的价值扣除外，还可以在购入固定资产时将固定资产价值中所包含的增值税款在当期全部一次性扣除。从整个社会角度来看，这种类型增值税的计税基础为社会消费资料的价值，因此称为消费型增值税。

## 四、增值税的优势

### 1. 避免重复征税

若对商品或劳务的流通环节征收全额流转税，那么商品或劳务在流经的每个环节都要按照商品或劳务的流出价款缴纳全额流转税，阶梯式重复征税使得流转环节越多、税收负担越重。与全额流转税不同，增值税以增值额为计税依据，采用税款抵扣机制，在允许一般纳税人纳税时抵扣购买货物和劳务时已支付的增值税税款（即进项税）。这样，增值税纳税人在每一环节缴纳的增值税仅是该环节增值额承担的税额，也不影响经济流通中其他环节的税负，不管商品或劳务的流转环节多少，只要最后的价格不变，该商品或劳务承担的总增值税税额就不变。增值税可以避免重复征税，不会对生产者的抉择和消费者的选择造成影响，体现了税收中性原则。

### 2. 增值税链条有利于税收征管

增值税是多环节征收模式，上游增值税纳税人在销售商品时会开出增值税专用发票给下游缴纳增值税的企业，购进商品的下游增值税纳税人收到该发票作为进项税抵扣凭证。当下游增值税纳税人对商品进行增值加工后再销售实现销项税时，又必须开出增值税专用发票，该发票是再下游企业实现进项税抵扣的凭证。企业为实现进项税抵扣，会积极向上游企业索取增值税专用发票。因此在增值税抵扣链条形成的同时，链条上各环节的增值税一般纳税人形成了自动、交叉的审计关系，增值税发票上的税款额也为税收征管提供了一部分信息，有利于堵塞各种偷税、漏税行为的发生。

### 3. 提高商品的国际竞争力

世界贸易的发展加大了各国商品的出口竞争，很多国家为了鼓励出口，提高本国出口的商品在进口地的竞争力，对出口商品退还国内已征收的间接税，使出口商品以零税率进入国际市场。营业税在最终环节退税，对出口商品退税额不能完全退税，削弱了我国企业的国际竞争力。增值税增值额的计税模式使增值税税负体现在税率上，税额计算简单、容易，能够实现出口退税。因此，对商品或劳务征收增值税能够实现彻底的出口退税，便于商品或服务的出口，有利于提高我国商品或劳务的国际竞争力。

4. 实现买卖双方相互制衡，形成有效的牵制机制

我国增值税采用国际上通用的税款抵扣法，采用凭票抵扣的制度，进项税额抵扣需要取得增值税专用发票。企业在购进生产资料时，会选择提供增值税专用发票的纳税人，使买卖双方形成有机抵扣链条，形成了供销之间的监督和牵制机制，形成了买方和卖方的税收利益约束关系，这样就给纳税人偷逃税款设置了约束。

# 第四节　营业税和增值税的比较分析

## 一、增值税和营业税的相似点

营业税和增值税虽说有很大的差异性，但还是具有一些相似的地方。第一，营业税和增值税同属流转税，是我国流转税体系中最主要的两大税种。第二，营业税和增值税都以商品或劳务在流转过程中的流转额为计税依据，都是在商品或服务的流通环节征收，因此就其计税依据和征收环节来说两者是统一的。第三，都采用比例税率。与所得税使用的累进税率不同，营业税和增值税的开征并不是为了调节收入差距，所以这两个税种都选用方便计算的比例税率，降低征管难度，提高征管效率。第四，营业税和增值税在征收范围上是互补的。我国营业税和增值税的征税范围是按照行业划定的，这两个税种实际上是互补的，共同包含了货物和服务的流通过程。因此，税收制度设计基础形成了营业税和增值税的相互关联和相互补充。

## 二、增值税和营业税的差异性

第一，征税领域、征收对象不同。营业税的资产征税范围是除征收增值税的有形动产之外的其他资产，包括有形不动产及无形资产。营业税的劳务征收范围是除征收增值税的加工、修理修配之外的劳务。对于资产及劳务征收增值税或营业税，二者对立，不同时征收。增值税是以货物销售额为征税对象，能很好地转嫁税负。营业税以货物之外的销售额为征税对象，属于直接税，很难转嫁税负。

第二，与所得税的关系不相同。营业税为价内税，由销售方承担税款，即销售方收到的货款只有销售款，税金由销售款承担并从中扣除，销售额就等于收到的货款。价内税税额=含税销售额×税率。增值税为价外税，由购买方承担税款，销售方收取的货款包括两部分，即销售款及税金，销售额等于收到的货款减去其中包含的税金部分。价外税税额=含税价格÷（1+税率）×税率。

第三，税率差异。我国现行营业税针对不同行业实行行业差别比例税率，税率包括3%、5%、5%~20%的三类浮动税率。交通运输业、建筑业、邮电通信业、文化体育业实行3%的比例税率，服务业、金融保险业、销售不动产及转让无形资产适用5%的比例税率，娱乐业适用5%~20%的比例税率。增值税税率有17%、13%、11%、6%四类。现行的增值税基本税率为17%，初级农产品、食用油、自来水等部分产品实行13%的低税率。2013年8月1日起，全国范围内有形动产租赁税率为17%，交通运输服务税率为11%，现代服务业服务（有形动产租赁服务除外）税率为6%，小规模纳税人的征收率为3%。总体来看，增值税税率要高于营业税税率。

第四，计税方式、设计方式不一样。增值税是针对商品增值额征税，但在流通过程中，直接计算增值额有一定困难，所以计税时采用进项抵扣的方式，即以各环节上发生的货物、劳务销售额为计税依据，按规定税率计算出货物或劳务的整体税负形成销项税额，同时通过税款抵扣方式将外购项目在以前环节已纳的税款扣除，即减去进项税额，从而避免重复征税，营业税的计算方法除个别税额扣除方法外，其他均不允许扣除进项税额。在设计方式上，增值税按照商品种类设置税目和税率，而营业税根据不同行业设置。

第五，纳税人身份差异。增值税纳税人分为两类——一般纳税人和小规模纳税人，二者计税方式不同，适用税率也不同。从事货物生产和提供应税劳务的纳税人年应税销售额在 50 万元（含）以上的、其他纳税人年应税销售额在 80 万元（含）以上的按一般纳税人纳税。销售额达不到上述标准的以小规模纳税人身份纳税。小规模纳税人实行简易办法征收增值税，计税方法是直接用征收率乘以不含税销售额，与营业税计税方法类似。

# 第五节　"营改增"的理论基础

我国在物流业、交通运输业等部分现代服务行业进行营业税改征增值税试点，不仅是当前经济发展的现实需要，也有着深刻的理论依据。本书探讨营业税改征增值税对物流企业的影响，需要对基本理论进行探讨，以便更好地进行理解。

## 一、税收公平与效率理论

从历史上看，英国重商主义前期的托马斯霍布斯、重商主义后期的威廉·配第、詹姆斯·斯图亚特及德国新官房学派代表尤斯蒂等经济学家首先比较明确地提出了税收原则。受他们理论的影响，古典政治经济学派的创始人亚当·斯密后来第一个提出把税收原则明确化、系统化。他在 1776 年发表的《国民财富的性质和原因的研究》中，根据他的经济思想提出了公平、确定、便利、最少费用（即税收效率原则）四大课税原则。[①] 公平税负原则被亚当·斯密列于四大原则之首，其内涵包括公正、平等、合理等要素。根据西方税收理论解释，税收公平原则就是指国家要使各个纳税人承担的负担与其经济状况相适应，并使各个纳税人

---

① 亚当·斯密. 国民财富的性质和原因的研究（下卷）[M]. 郭大力，王亚南译. 北京：商务印书馆，1983：87–88.

之间的负担水平保持均衡。①

　　学术界有一种说法认为，税负公平原则包括横向公平和纵向公平：横向公平要求经济条件相同的纳税人缴纳的税款应该相同；纵向公平要求经济条件不同的人缴纳的税款应该不同。另一种说法认为，税收公平要求做到普遍征税和平等征税，即任何个人和单位在法律面前人人平等，所有达到纳税条件的人都应该依法纳税，而不能享受不纳税的特权。税收公平虽然倡导普遍性原则，但在现实生活中很难做到绝对普遍征收，有时国家出于经济、政治、军事、外交等方面的特殊考量，会对某些特殊纳税人员进行税收减免，但这并不违背这一原则。对于税收公平的衡量标准，西方税收理论认为应该考虑受益原则和负担能力原则。受益原则是指根据纳税人从国家所提供的公共服务中享受利益的多少，从而判断其应该缴纳多少税。负担能力原则一般是指根据纳税人的纳税能力大小，判断其应纳多少税。从某种程度上讲，税收公平原则不是强调某人是否纳税，而是注重某人是否比别人多纳税。

　　除了强调税收公平原则的重要性，西方学界也很看重税收效率原则。税收效率原则一般解释为以尽可能小的费用获得尽可能大的税收收入，同时借助税收的宏观调控作用最大限度地减轻对经济发展的妨碍。② 税收效率原则主要包括税收的经济效率原则和行政效率原则。经济效率原则是指政府征税应尽可能保持税收对市场机制运行的中性影响，即国家征税应避免对市场经济正常运行的干扰，防止政府征税的干预行为阻碍市场机制发挥资源配置的决定作用。行政效率原则主要是指通过提高征税效率，一方面节约政府的征税成本，提高政府办事能力；另一方面简化征税手续，方便纳税人纳税。

　　从我国征税机制看，重复征税的现象仍普遍存在。增值税的纳税人与营业者的纳税人之间均存在重复课税的行为，更为甚者在部分增值税纳税人之间也存在重复课税的行为。我国现行的增值税和营业税并行征收的税制，不能说是贯彻了税收的公平与效率的基本原则，因而亟须改变税制，消除重复征税，优化我国税

---

① 胡雅娟，观行. 增值税存在问题及改善措施［J］. 高科技与产业化，2010（9）：15-16.
② 任磊，杨宇轩. 浅谈营业税改增值税对我国中小银行业的影响机制［J］. 时代金融，2013（1）：32-34.

收制度。

## 二、税收中性理论

税收中性原则最早是由英国伟大的古典经济学家亚当·斯密提出来的，他是17世纪末英国古典经济学派的杰出代表。税收中性包含两层含义：税收尽可能不给纳税人和社会带来额外的损失或负担，税收超额负担的大小由征税引起的社会福利损失大于政府获得的税收数额的多少来衡量。征税应避免对市场经济正常运行的干扰，特别不能使政府征税的干预行为阻碍市场机制发挥资源配置的决定作用。由于税收中性理论在税收实践中具有重要的指导作用，世界各国在制定税收政策时都将税收中性理论作为重要的参考依据。

从资源配置角度来讲，理想的税收政策是让市场规律发挥主导作用，尽可能减少纳税人和社会的额外损失和负担，即国家在征税过程中必须把握好"量"和"度"，使纳税人和社会付出的额外代价最低，提高税收的效率，尽量保持税收中性。[1]但是，在现实中保持绝对的税收中性是不可能的，因为几乎所有的税收都属于政府干预经济行为，都会对市场中的价格机制、供求关系产生影响。税收政策能够弥补市场配置资源的缺陷，调节收入分配，影响产业发展，对经济产生重大影响。鉴于此，当今各国政府高度重视税收政策对当代经济的调控作用。在现实经济活动中，税收中性效果很难实现，因此目前大部分学者推崇的是相对税收中性原则。梳理现有研究税收中性的文献发现，发挥税收中性的效果可以从两方面实现：一是强调税收的效率原则，即让政府在征税过程中尽可能减小对市场经济的干预；二是强调税收的普遍原则，即反对差别课税，对所有价值增值的经济活动普遍征税。

对比我国的两大商品劳务税种，即营业税与增值税，我们不难发现增值税无疑是典型的中性税种，而营业税则称不上是中性税种。营业税对劳务或服务全额征税，增加了企业的税负成本；而增值税对商品或劳务的增值额进行征税，避免

---

① 董锦治，吕要.我国银行业实际税负水平对其盈利能力影响的实证研究 [J].税务与经济，2010 (2)：79-85.

了多环节征税，因此起到了降低企业税负、促进企业发展的效果。我国现行税制是在 1994 年税制改革的基础上经过不断完善而形成的，这种演变正是税收中性原则的具体体现；但我国现行的增值税征收范围较小，尚未覆盖交通运输业、金融业、建筑安装业等许多重点行业，尚不能完全发挥税收的中性作用，因此增值税扩围正是税收中性原则在实践中的具体运用，如果政策实施得当，必将推进我国产业结构的深度调整，促进中国经济的转型升级。

## 三、税收宏观调控理论

财政政策和货币政策是宏观调控的两大主要手段。而两相比较，财政政策能够在较短时间内发挥作用，对经济影响直接，因而较货币政策地位更重要。税收政策具体包括税收收入和税收支出，作为调节经济的重要杠杆和财政政策的重要组成部分，在国家宏观调控中扮演着重要的作用。

税收宏观调控理论是指国家运用税收分配等手段，对纳税人收入进行直接调节，进而间接地影响相关纳税人的纳税行为，引起社会经济活动出现相应变化，最终实现宏观调控的重大目标。理论界大都认为市场配置资源具有高效率，对经济发展发挥着举足轻重的作用，但也认为市场经济也不是万能的，存在市场失灵问题，如外部性、信息不对称、垄断、收入分配不公等。他们认为，市场机制无法解决这些问题，要解决上述问题只能依靠国家的宏观调控政策。而税收政策作为宏观调控政策的重要组成部分，能够起到矫正市场失灵的作用。发挥税收作为调节经济的重要杠杆作用，对贯彻政府经济社会决策、实施有效宏观经济调控具有十分重要的作用。这成为税收作为政府调控经济运行的主要工具产生和发展的重要理论渊源，在现实市场经济的运行过程中也已成为共识。

产业政策的首要问题是产业结构的调整，即主导产业的发展又是产业结构调整的核心。宏观调控的主要目的之一就是调整产业结构，而税收政策的调整又与产业政策有着密切联系，它通过利益的转移，诱导企业生产经营活动符合国家相关的产业政策要求，对产业起到支持或者抑制的作用。大多数国家通过税收优惠产生的利益引导，与本国宏观经济调控政策相配套，从而对各国产业结构的合理化和高级化起到促进作用。从国际经验来看，税收优惠较多运用在国民经济"起飞"或者"赶超"时期。在这一阶段，由于经济基础薄弱，重点产业和相关企业需要扶植，在市场发育还不成熟、市场竞争力还不强的情况下，产业政策就显得尤为重要，税收优惠对产业政策的有效支持也就显得更有意义。

我国当前正值产业结构大调整时期，在这一阶段发挥税收政策对产业政策的导向作用就显得尤为重要，然而我国现行税收政策很大程度上限制了其对产业结构优化升级作用的空间。我国迫切需要发展物流、能源、交通等基础产业，但现行税收优惠政策对此的适应性和倾斜度还不够，因此制定有利于促进产业结构调整的税收政策已迫在眉睫。此次将物流业纳入营业税改征增值税的试点行业，也是国家对物流产业扶植政策的具体体现。国际上很早就对包括物流业在内的服务业征收增值税，也积累了一些经验，给我国实施此项改革提供了有益借鉴。我国应当积极在物流业推行"营改增"政策，为"营改增"在其他服务行业推行积累相关经验，促进服务业更好更快地发展，促进产业结构优化升级。

# 第六节 "营改增"效应的作用路径

"营改增"作为一种重要的税收政策，在优化税制、产业结构调整、刺激固定资产投资、降低税收负担、提高企业竞争力等方面能够促进物流业的发展。

第一，优化了税制，带动了财政体制改革。"营改增"是我国税收制度的一次重大改革，它简化了税制结构，统一征收增值税，从两类税制过渡到一元税制，实现了税制的统一。与营业税相比，增值税制度更合理，能够解决重复征税问题。"营改增"使工商业和服务业在税负承担方面实现平等，有利于实现制造业与服务业的公平竞争。在税制改革的同时，带动了我国财政体制改革。虽然我国在推行"营改增"试点后实行过渡政策，规定原所属地方的营业税仍然归地方收入，尽可能减轻"营改增"政策对地方财政的负面影响，但是长远来看，"营改增"势必大幅减少地方政府的财政收入，加大地方政府收支矛盾，这种矛盾会形成倒逼机制，促使中央政府进行财政体制改革。

第二，优化了行业结构。"营改增"的核心是完善抵扣链条，消除重复征税，"营改增"实现产业结构调整主要体现在优化产业分工程度、提升产业层次、优化产业结构三个方面。首先，推行"营改增"提升了三次产业之间的分工程度。在"营改增"前，企业不能抵扣外购货物或劳务缴纳的税额，这额外增加了其税收负担，使服务业与制造业之间的税收成本增加。"营改增"后，隐性税收负担可以消除，购进税额可以抵扣，推动了三次产业的专业化分工。其次，这一政策的推行提升了产业层次。"营改增"推动了产业细化分工，推进了设计、研发等服务部门的发展，提高了服务类占比，推动了产业层次向中高端迈进。最后，"营改增"有利于优化产业结构。中国经济已经进入新常态，需要加大第三产业发展力度，提高发展质量。"营改增"后，可以降低第三产业税负，深化三次产业分工程度，促进物流业、金融保险业、信息传输和计算机软件业等现代服务业的发展，提高第三产业的质量和比重，直接带动第三产业的发展。"营改增"以来，第三产业投资规模明显扩大，占全社会固定资产投资比重由 2012 年的 52.6%提高到 2015 年的 56.6%；第三产业增加值占 GDP 比重也逐步提高，由 2012 年的 45.5%逐年提高到 2015 年的 50.5%，首次过半。

第三，刺激固定资产投资增长。"营改增"政策实行后，企业购进生产设备的进项税额可以进行一次性抵扣，同时提高了固定资产的折旧额。固定资产一般价格较高，其进项税额占比较高，因此固定资产抵扣政策对企业影响较大。固定资产抵扣相当于降低了企业的运营成本，可以促使企业更新设备，加快技术升级改造，加大固定资产的投资，对经济增长有重要的拉动作用。统计数据表明，"营改增"后，企业经营规模扩大，固定资产投资明显加快。

第四，总体降低税收负担。"营改增"使我国结构性减税效应明显，对企业、行业的总体税收减负明显，起到了良好的效果。根据统计数据，自"营改增"于 2012 年起先后在交通运输和部分现代服务业开展试点以来，至 2015 年累计减免增值税 6000 多亿元。原营业税税率为 5%或 3%，改征增值税后，税率提高了，对于增值税一般纳税人而言，增值税税制允许抵扣外购生产性资料、劳务等进项税额，可以抵消部分销项税额，因而减轻了大部分一般纳税人的税务负担。除了一般纳税人，小规模纳税人也从"营改增"中收益良多。小规模纳税人按照征收率 3%进行征收，由于增值税的计税基数较营业税降低了，小规模纳税人税收负担较"营改增"前必然降低。数据显示，2016 年 5~11 月，全国四大行业新纳入"营改增"的 934 万户小规模纳税人税负平均下降了 26.7%。

第五，提高企业的国际竞争力。企业征收营业税时，在国际市场上，相比其他国家需要缴纳更高的营业税，使得进入国际市场后的产品价格较高，降低了企业的国际竞争力。征收增值税后，企业在国际市场取得了税收制度的平等待遇，降低了产品价格，提高了企业的国际竞争力。"营改增"政策使从事国际服务的公司的服务成本大幅度减少，使其在国际市场上可以凭借成本优势占据有利地位，并且可以将在税收方面节约的资金重新投入企业服务质量的提升，如更新设备、为专业的技术服务人员提供更多的培训，使我国的服务质量在国际上迈上一个新的档次，占据更大的国际市场份额。"营改增"促进服务外包，深化专业化分工。第三产业中的大部分企业是营业税纳税对象，"营改增"实施后，服务外包部分的增值税可以得到抵扣，可以促进企业服务外包需求的提升，有利于优化行业产业链且细化专业化分工。

# 第七节　本章小结

本章主要从五个部分厘清营业税和增值税、物流和物流业的相关概念，阐述营业税、增值税和物流业的相关理论。

本章首先对物流相关的理论进行了概述，阐述了物流的概念，并由此引出了物流业的概念，介绍了物流业的构成、模式、特征、地位和作用；其次，主要介绍了营业税的相关理论，主要包括营业税的概念、特征、弊端，以及增值税的概念、特征、分类、优势；再次，主要对营业税与增值税进行了比较分析，侧面反映出"营改增"的必要性；最后，详细阐述了"营改增"的理论基础和"营改增"效应的作用路径，使读者对"营改增"与物流方面的理论有了一个大体的认知，以便更好地通过这些理论理解相关的问题与对策。

# 第三章 我国"营改增"的基本情况

## 第一节 "营改增"的政策背景分析

### 一、改革的背景及内容

1979~1993年的十几年时间里，我国中央财政面临的处境一直比较尴尬。20世纪80年代后期，我国出现经济高速增长的情况，与此相对应的国内生产总值也保持持续增长的态势，但是虽然如此，我国的国家财力并没有同步增长，国家税收的增长速度显著比经济增速缓慢，这就导致从改革开放到1994年，我国GDP中财政收入所占的比例一直持续下降，其下降速度达到每年一个百分点。从另一个角度看，国家财政收入中中央财政所占比例也出现了持续下降的情况，所以中央如果想保证正常运转，其对于地方政府所缴纳的财政收入是有很大依赖性的。20世纪80~90年代，我国中央财政又陷入了更为艰难的境地，甚至出现了中央政府无法正常偿还债务的状况。在当时的情况下，中央为了维持其财政和事务的正常运转及开展，甚至一度征收了很多专项基金，如"运算调节基金"就属于当时错综复杂的收费项目中的一项。

从上述情况可知，当中央财政处于一种极度匮乏的状态时，失去一部分宏观调控的能力是必然的情况，但是这种情况并不容易发生。地方财政在中央财政处于被动的地位时占据了主导地位，那么中央政府下达的政策方针的落实和开展就比较困难。在分税制改革之前，中央支付的规模有了大幅度扩大，但是相应的收入并没有同步增长，可以承担大型项目所需的资金也比较缺乏，一些民生项目所需的资金也没办法得到满足。① 中央政府虽然存在极其严重的缺钱问题，还是要维持很多不能避免的支出以保证经济的增长。在面对这种情况时，国家的态度是无论中央财政多么困难都不向银行借钱，由此也可以知道当时的财政问题有多么严重。因此，为了避免可能发生的财政崩溃的状况，分税制改革适时地展开了。

分税制改革是为了使中央财政收入能够在国家财政收入中所占的比重有所提高，并在此基础上进一步提高财政收入占 GDP 的比重，达到这两个比重同时提高的目的，让中央政府能够更有力地控制我国经济，使一直存在的中央与地方在经济增长上的矛盾得以解决，并促进地方政府积极完成征税工作，为当地经济发展助力，进一步推动各地区乃至全国的经济发展，使各级政府的财力和权力保持一定的稳定性。由此，我国将税收划分出了三个税种，即中央税种、地方税种及中央和地方共享税种。政府的财权范围由各级政府的事权范围作为标准进行界定，从而使中央与地方这两级政府相应的财力问题得到稳定，使它们之间的财力关系得以厘清，之后两级政府所涉及的各项支付范围将得到确定。中央主要负责有关民生问题的支付（如科教文卫），以及国债利息等事项的支出，而地方政府主要负责当地相应的基础建设和行政事业支出。

## 二、改革前两税并存面临的问题

### 1. 重复征收

按照我国"营改增"实行之前的税制要求，对于大部分第三产业中的行业都要征收营业税，但是却只对批发业和零售业征收增值税。由这种税制安排可知，无论是从增值税还是营业税的角度，重复征收问题的存在是必然的。但是当市场化的程度已经达到一定水平，出现重复征税的问题必将影响社会分工和市场公平。而且，因为在改革之前是由国家税务局对增值税进行管理，由地方税务局对营业税进行管理，所以在征管方面还会出现很多问题。对于"营改增"的税负方

---

① 谷成，曲红宝. 论分税制改革 [J]. 税务研究，2013（7）：22-25.

面，国家是提出了目标的，即改革试点行业在其总体税负上要保证不增加或者略有下降，并且达到重复征收可以基本消除的目标。整体上保证有关企业不再受到重复征税的制约，使其税负得到减轻，进而使一大批市场主体能够不受束缚地全力发挥自身优势，更好地推进其业务发展和相关专业化细分工作，并提高服务水平。另外，在征税范围上，当时的增值税主要对货物进行征收，而营业税则对劳务进行征收。

从营业税的角度出发，由《营业税暂行条例》的相关规定可知，营业税以营业收入的全额进行征收，但是货物的生产过程需要劳务和其他货物的提供，而劳务的提供过程也需要货物及其他劳务的消耗。[①] 所以，其实在货物销售及劳务提供方面，重复征税的问题都是实际存在的。而根据余额进行纳税的业务只有如联运业务等个别的特例，对这些特例征收营业税时可以将支付第三方的费用扣减，但其余绝大部分业务仍然进行全额征收，因此营业税就具有了多环节、全额征税的特点。因此，营业税的有关流转环节越多，其基数也就越大，同时税负也就越重。征收营业税的过程也是纳税人重复纳税的过程，这样就加重了企业的税收负担，且扰乱了市场公平。除此之外，在营业税纳税人和增值税纳税人进行商品交易的过程中，即使在其购进货物时取得了增值税的专用发票，也无法将其负担的增值税进行抵扣。

从增值税的角度出发，增值税是征收销项税额减去进项税额后所得余额的一种差额纳税方式。即使增值税的纳税人购进了相关的营业税的应税劳务，并且取得了相关营业税的普通发票，也不能将已经缴纳的营业税税款进行抵扣。这部分无法抵扣的税款将计入营业成本，最终影响该企业的净利润。增值税将在其自身链条上发生断裂，破坏整个链条的完整性，其中性特点的体现也会受到影响，并且会同时出现重复征税的问题，阻碍税制的简化和管理。

增值税和营业税的同时征收会导致重复纳税，增加了纳税人在税收方面的负担，特别是会对类似现代物流业这种新兴服务业的发展产生不利的影响。在"营改增"之前，我国服务业的贡献度在国民经济中所占的比重较低，而所需承担的

---

① 李文婧. 关于增值税、营业税两税合并改革的思考 [J]. 东方企业文化·策略，2011（7）：125.

税负又过重。这两者之间其实是存在一定关联的，即服务业所需承担的税负阻碍了其发展的速度。而造成当时服务业面临这种巨大税负压力的一个重要的原因是现行的营业税制度。大力发展我国服务业正是国家所需要的，因为在创造就业岗位、维护社会稳定、促进产业升级和优化经济结构上，服务业都将做出巨大贡献。所以，对服务业的征税方式进行改革，对其进行增值税而非营业税的征收，十分有利于服务业的发展。对两税改革的工作来说，将货物和劳务最终统一征收其间接税，使绝大多数货物和劳务都能被增值税覆盖是一个目标。增值税的链条被完善了，两税的重复征收情况也就避免了，纳税人也将面临更小的税负压力，税制的简化和管理也就能得到进一步的推动。

2. 征税范围界定

"营改增"之前，在我国的流转税中，增值税和营业税一直占据着非常重要的位置。在征税范围上，这两种税的征收有着紧密的联系，属于并行征收。《增值税暂行条例》和《营业税暂行条例》等相关的条例和实施细则虽然对这两种税的征收范围做了较为明确的规定，但在实际工作中想将两者范围进行清晰的划分却是很难的。[1] 这是因为，纳税人可能同时开展进行多项应税活动的工作，如建筑装饰材料商店会同时进行货物的批发零售，以及承包对外的安装工作，商场既进行商品的销售又负责产品的运输等情况。对不同经营活动相关的税收问题进行合法维护既有利于巩固税法的严肃性，又能更好地满足纳税人在客观上对于合法利益的需求。

通过对增值税税制设计理念的解读可知，增值税主要对商品在生产和流通过程，以及劳务服务等涉及的环节中存在的价值增值的部分进行征税，是一种流转税，而其理想的征收范围则包括了一切能够使价值增值的部分。

在我国，商品的生产和流通领域是增值税的主要征收范围，而在世界上的很多其他国家，该税的征收范围已经扩大到了包括农业、工业等在内的很多领域，由此可知我国增值税的征收范围还是比较狭窄的，具有一定程度的局限性。[2] 从

---

① 丁加生. 浅论中国流转税改革 [J]. 苏州商论，2011（33）：118–119.
② 王芳. 关于我国扩大增值税征收范围改革的研究 [D]. 山西财经大学硕士学位论文，2013.

纵向上看，可以将增值税的征收范围扩展到企业的整个运营过程，即从原材料的采购开始，到产品的生产、批发、零售的各个环节。从横向上看，增值税的征收范围可以覆盖第二产业和第三产业，并涵盖农林畜牧、建筑制造、商品销售等多个行业。如果能将增值税的税基拓宽，将有利于清晰界定两税的征收范围，规避增值税抵扣链条发生中断的现象，也有利于推动财政收入的增长，并解决重复征税问题。

在实际生产经营活动的过程中，存在着大量混合销售行为和兼营非应税劳务的行为，虽然《增值税暂行条例实施细则》对以上两种行为进行了明确划分，但仍然无法准确将两种行为区分开来。

混合销售指的是在某个销售行为的过程中同时涉及与货物销售有关的增值税和与非增值税应税劳务有关的营业税，但实际无须同时缴纳两税，而是按照纳税人所涉的主营业务只征收两税中的一种税的销售行为。这两个业务之间有着密切的从属关系，且二者的价款是从同一购买方同时获得的。在现实中，应税劳务是为了能够直接将货物销售出去而产生的，所以密切的从属关系必然会存在于两者之间。面对将货物的生产、零售和批发作为主营业务的企业，若其出现了这种行为，则应该以其销售额为计算依据，进行增值税的缴纳，若企业的主营业务属于非增值税的应税劳务，则应对这类业务征收营业税。也就是说，对这种混合销售行为应缴纳两税中的哪一种，应该根据纳税人所从事的主营业务来进行判断。

兼营行为和混合销售行为不同，它主要指的是当增值税的纳税人在进行相关应税货物的销售及劳务的提供时，该纳税人还同时开展处于营业税征收范围之内的非应税劳务。这种情况下，两个业务之间并没有直接的联系及从属关系，而两者的价款也并非是在相同的购买方获得的。在兼营行为中，增值税销售的货物及应税劳务同营业税的应税劳务所涉及的销售额应该被分别核算，并且对前者征收增值税，对后者征收营业税。当出现无法分别核算或者核算无法获得准确结果的情况时，就应该一并征收增值税。以酒店为例，如果酒店提供客房服务的同时还开设小卖部进行销售，那么对于其提供的客房服务部分需缴纳营业税，对其销售部分则需要缴纳增值税。因此，对于该酒店就存在分别对客房营业额和小卖部销售额进行分别核算的要求，若无法分别核算或无法保证核算的准确性，则统一征收增值税。

在了解混合销售行为和兼营行为的具体含义之后可知，虽然在理论上可以得到十分清晰的税法规定，但在实际操作中却经常存在混合和兼营行为的交叉，而这两者无论在概念方面还是在界定上都不是特别明确。一个企业在正常的经营活动中同时出现混合销售和兼营销售的行为是时有发生的，并且这种情况也随着经济的发展而逐步增多，想将这两种较为特殊的行为划分清晰是很难实现的。①

3. 征收管理

我国在"营改增"之前的税收是由财政、税务，以及海关分别负责征收和管理的。其中，国家的税务系统对增值税进行征收管理，地方税负系统对营业税进行征收管理。从表面上看，增值税和营业税是分别由两个不同的税务系统负责的，但其实其中存在着很多交叉的地方。以交通运输业为例，其缴纳营业税的税率为3%，若一般纳税人获得了运费专用发票则可以根据运费总额的7%将增值税抵扣，这个行业本身的业务已经涉及了这两个税种，而且同时受到国税和地税的征管，因此会出现交叉管理的问题。除此之外，在混合销售行为及兼营业务上也存在交叉管理的问题。应缴纳两税中的哪一种或者两税均需缴纳，既需要纳税人明确两税所涉及的业务范围，又需要税务机关以实际情况为准进行核实。中央和地方政府的共享税中同时包括这两个税种。其中，增值税除去归属中央的部分之外，其余25%的部分由地方获得；营业税中除去银行总行及保险总公司所缴纳的税款归属中央外，其余部分由地方接收。由此来看，在中央和地方上两个税种所产生的税收收入也会出现交叉，并在一定程度上造成相关征管工作出现困难。

另外，在当时的市场经济中，一定会有一些交易在其所带性质的特征上属于应缴纳增值税或者营业税的中间地区，就像商品与服务进行捆绑的销售行为，以及在销售时同时出售商品与其包含的专利技术，而想要将商品与服务所获得的收入按比例区分起来的困难也逐步增加。两税并行使税收征管的难度变得更大，降低了效率。而在防伪能力上，有关营业税应税行为所涉及的发票和凭证比增值税的相关凭证更容易造假，所以存在很多假造营业税发票的犯罪行为，而且管理难

---

① 高勇. 兼营与混合销售行为"混搭"的税务筹划 [J]. 财经月刊, 2011 (18): 43-45.

度很大，使征税成本也上升了。

4. 其他方面

在我国全面实施"营改增"政策之前，两税并存所带来的问题还体现在以下几个方面：

第一，小规模营业税纳税人面临的税率比较高。相同的小规模企业会因为不同的应纳税性质而承担不同的税负，这是不公平的。增值税对小规模纳税人采取简易征收的办法，征收的税率从 6% 下降到了 3%，而营业税的纳税人不能享受小规模纳税人所拥有的优惠的政策和税率。[①] 也就是说，面对一笔相同的收入，增值税的小规模纳税人只需要承担 3% 的税负，而营业税纳税人需面对的税率却从 3% 到 5% 不等，甚至可能是 20%。在税率的规定上就可以发现这种不公平的现象。同时，增值税的小规模纳税人还可以就部分项目向税务部门申请代开专用发票，而购买方则可据此将进项税抵扣，这也使其比营业税纳税人具有更多的优势。所以，在总体税负的角度上，目前有关营业税的相关规定严重增加了小规模营业税纳税人在承担税负方面的压力，并会阻碍相关中小企业的发展。

第二，具备资质的融资租赁业的发展受到了限制。服务业是根据全部营业额进行征税的，无法将为了提供服务而购入的商品或者劳务而缴纳的税金抵扣，所以为了降低税收成本，很多企业会出现一些扭曲经济的行为，比如说很多第三产业中的企业会使固定资产的投资额减少，因此引发增值税企业在产品需求上受到抑制的连锁反应。这种影响在金融租赁业更加显著。根据有关规定，若能够取得中国人民银行的批准，则进行融资租赁业务的企业不管是否具有其租赁物的所有权都只对其征收营业税，而不对其征收增值税。其他未获得批准的融资租赁企业，将根据租赁物的所有权在融资租赁企业还是在承租方进行判断，最终确定对其征收增值税还是营业税。从表面上来看，上述相关规定对已经获得资质的单位是一种优惠，即由征收税率为 17% 的增值税改为征收税率为 5% 的金融服务业税。但其实如果这些拥有资质的融资租赁公司没有可以进行抵扣的销项税，那么其将面临 17% 的相关购进设备的销项税，且这种情况无法获取增值税的专用发票。对

---

① 吴艳. 营业税改增值税对企业的影响 [J]. 中国总会计师，2013（6）：100–101.

于没有资质的融资租赁公司来说，它们可以进行增值税的抵扣，还可以对增值税发票进行选择。由此可知，这个规定是很多余的，获取资质对处在租赁行业中的企业也根本没有用处，而一旦获取了资质反而会使企业的税负增加。

第三，使服务业的国际竞争力减弱。在我国，出口服务是含税价的，而在出口方面的有关营业税退税的政策也基本没有。相对于其他的国家而言，他们对待出口的商品和服务都是采取零税率的，这就使我国的产品和劳务在国际市场的竞争上遇到了困难，也使我国在服务出口贸易方面低于国际水平，从而进一步影响了我国在出口服务行业的发展。[①]

第四，间接地减少了就业机会。第三产业即服务业是营业税的主要征收对象，因此重复征税所带来的危害更多地体现在服务行业。根据现代经济的发展规律可知，国家的发展都是伴随着经济的发展的。当第一产业的技术进步后，其对于劳动力的需求就会减少，而当第二产业在自动化进程上逐步取得成功后，其可以接纳的劳动力数量也会减少，第三产业就会成为接收劳动力的主体。我国第三产业在吸收劳动力方面的上涨幅度已经高于该产业的产值。所以，减轻第三产业相关的税收负担将有利于促进服务业进一步发展，也有利于间接增加就业机会。

第五，地方政府干预市场。在招商引资的过程中，地方政府一般会将对增加该地区财政有巨大贡献的项目作为主要考虑项目，同时会以企业盈利后所能贡献的税额作为进一步的考虑依据。根据这些情况，地方政府会对不同的纳税人采取不同的态度，从而使地区在经济上的均衡发展受到影响。此外，增值税和营业税分别由不同的部门管理，而各部门为使自身政绩优异，会利用行政手段使纳税人落入其自身的管辖范围，使税收的中性原则受到损害。同时，营业税征管方面的规定也存在问题。以物流企业为例，这种企业基本上都要进行跨地区经营，而将营业税缴纳至营业机构所在地也是常态，但是这种机制对机构所在地来说是比较有利的，对于业务的发生地而言则较为不利，因此会出现税源同税收贡献发生背离的问题。[②]

---

① 李林一嘉. 浅析我国出口退税政策存在的问题与建议 [J]. 商业会计，2016 (14)：96-97.
② 冯涛. 增值税与营业税合并的法律问题研究 [D]. 青海民族大学硕士学位论文，2013.

### 三、分税制改革对"营改增"的启发

分税制改革已经过去了二十几年，作为一项具有稳定性和持久性的政策，其已经为很多现实问题提供了解决方法并取得了很大的成效。在这期间，我国的财政收入在 GDP 中所占比例与中央财政在国家财政中所占比例实现了同步增长，并达到了预期目标。

在 1994 年，我国开展了分级财政体制的创新工作，这一举动顺应了我国市场经济的需求，促进了政府在市场上放权的工作并使市场经济能够更加活跃，让政府能够更好地调节市场经济。与此同时，一直存在问题的政府与地方之间的财政关系也被清晰地整理了出来。这次的分税制改革也受到了专家学者们的称赞。但不可否认的是，这项政策仍然存在一些可以进一步完善的地方，而我们则应该继续在实践中摸索、进步。

关于分税制改革政策，有些地方是我们不能忽视的，即该政策属于适应特殊时期的一种过渡政策，而且在实际执行中也存在很多问题，如果对这些问题置之不理将阻碍我国经济体制和财政体制进一步改革和发展的脚步。[①] 需要特别注意的是，在我国，想将省级以下的地方政府所具有的财力进行清晰的界定是不容易的，而且最近几年事权逐步被下放的现象越来越多，所以县乡一级的地方政府通常存在所掌管的事权多而财权较少的问题，因此，基层政府目前在财政上面临的困难也是不能忽视的。有些省级政府对基层政府的稳定和发展情况并不重视，仅对当地的宏观经济调控较为上心，这就使得基层财政所处的境地更为艰难。此外，我国存在的政府级次一共有五级，这便使我国财政分享面临着更大的困难，加大了税收的分配压力，也制约了分税制改革的行进步伐。

这恰恰提醒了我们，无论是哪个政策都存在着或多或少的问题，需要我们进一步去完善和补充，而在实践过程中不断摸索也是必不可少的。对于分税制改革这一过渡性政策，我们并不知道它还能存在多久，而对我国目前的情况来说，进一步调整分税制政策将有利于中国梦的实现，也将使一些民生问题得到解决。

---

① 胡昊. 现行分税制改革的政策建议研究 [J]. 邢台学院学报，2016（1）：95-98.

对于增值税来讲，其税源和税收都比较稳定，当营业税被增值税取代之后，相应的税权和收入的归属问题会变成各级政府的关注对象。而我国这种政府层级为多层级的国家，如何妥善地将中央同地方之间的关系处理好将对两税改革的成效产生巨大的影响。尤其是营业税一直被地方政府高度依赖，两税合并必然会使现行税制受到猛烈冲击，而中央与地方政府对于既有利益的分配形式也将改变。由此可见，两税合并将在各个层面对我国产生影响，所以进行改革的同时必须时刻保持警惕。

# 第二节 "营改增"的主要内容

我国正在推进的"营改增"政策是充满中国特色的，符合我国的基本国情，也对我国的政治经济生活产生着影响，而且这一概念也无法从我国或者其他国家的辞典中得到解释。通俗地理解"营改增"的含义并不困难，即将之前征收营业税的项目换成对其征收增值税，而实行这种转变之后，因增值税的征收范围仅是产品或者服务涉及的增值部分，所以重复纳税的问题可以得到有效解决。"营改增"也将有利于我国结构性减税工作的推进，使我国税制改革的开展更加顺利。

我国当前进行"营改增"改革的工作主要依靠分步施行、建立行业试点、逐步在全国推行的策略来开展。这种开展方式主要出于以下几个方面的原因：第一，该政策的执行会在很大程度上影响我国的税收总额，如在 2011 年未实行"营改增"之前，我国增值税共有 216085.77 亿元的收入，占全国税收总额的 27.92%，营业税共有 111592.38 亿元的收入，在全国税收总额中占 14.42%；第二，该政策会对我国如何分配中央与地方的收入，以及相关的体制结构改革带来巨大的影响，因为增值税是国税，营业税是地方税，其收入的分配比例在中央与地方也是不同的；第三，增值税在一些行业内的征收存在着较大的设计难度，如怎样将金融业进项税额进行抵扣的问题一直无法解决，也一直受到学术界的关注。

## 一、改革试点的时间、地区及行业

关于这项改革，我国的规划是先在经济发达的大城市建立改革试点，然后再逐步将其向全国推广，共分为以下三步。

1. 建立起处于部分行业和部分地区的试点

2011 年 11 月 16 日，我国财政部和国家税务总局在国务院的同意下发布了一些与"营改增"有关的规定。这些规定包括"营改增"试点地区的执行方案、上海地区对交通运输以及部分现代服务业进行"营改增"的通知、上述两个行业"营改增"相关事项的规定，以及上述两个行业的"营改增"过渡政策。这一系列的相关规定和政策正式让我国"营改增"政策得以执行。此后，从 2012 年 1 月 1 日开始，我国正式在上海展开了"1+6"个行业的"营改增"试点改革，上海市的交通运输业及部分现代服务业（包括文化创意、物流辅助、研发技术、信息技术、有形动产租赁及鉴证咨询 6 个现代服务业）成为改革试点。至 2012 年 6 月底，上海市已经有 13.9 万户纳税人参与了试点的改革，试点的改革初见成效。

随后，2012 年 7 月 31 日，我国财政部和国家税务总局又发布了通知，在包括北京在内的 8 个省市展开了在交通运输业及部分现代服务业建立"营改增"试点的改革。该通知确定了将上述两个行业纳入改革的试点范围，并将北京市、天津市、安徽省、江苏省、浙江省（包括宁波市）、湖北省、福建省（包括厦门市）、广东省（包括深圳市），以及已经进行改革的上海市这 9 个省市作为改革试点地区。同时规定了各自完成新旧税制转换的日期：北京市为 2012 年 9 月 1 日，江苏省和安徽省为同年 10 月 1 日，福建省和广东省为同年 11 月 1 日，天津市、湖北省与浙江省为同年 12 月 1 日。至 2013 年 2 月底，在作为"营改增"试点的 9 个省市中，参与改革的企业数量达到 112 万户，减少的税收负担达到 550 亿元以上。[①] 至此，我国"营改增"取得了重大成果。

---

① 余彩澂."营改增"试点效应研究 [D].西南科技大学硕士学位论文，2015.

2. 择取部分行业为试点在全国推行

2012 年的改革获得了巨大的成功,因此在 2013 年 4 月 28 日,我国财政部和国家税务总局为讨论将"营改增"试点扩大的问题召开了视频会议,并对 2013 年将要展开的扩大改革试点工作进行了安排和部署。会议指出,2012 年的改革工作在各试点进行得比较顺利,并取得了显著成果,试点的方案及运行机制也都很成熟了。于是,财政部与国家税务总局在 2013 年 5 月 24 日联合发布了在全国范围内对交通运输业及部分现代服务业进行"营改增"改革的通知,确定了上述两个行业将在 2013 年 8 月 1 日开始正式在全国进行改革,而且相关的试点税收政策也同步出台。在该通知中,前期试点所采取的税收政策被优化和整合了,而且调整和完善了之前 9 个试点省市在改革过程中所遇到的问题,并且将广播影视服务加入了部分现代服务业的税目。至 2013 年 10 月底,在全国的试点中参与"营改增"的纳税人达到了 226.96 万户,入库的增值税总计达到 871.06 亿元,减少的增值税税额达到 836.06 亿元。至此,我国"营改增"改革又向前迈进了一步。

3. "营改增"在全国范围内得到执行,营业税被取消

国家发改委于 2013 年 5 月 8 日发布了文件,提出将选择合适时机将铁路运输业和邮电通信业等行业添加到"营改增"的试点范围之内。在原则上仍采取增值税的一般计税方法。而对于金融保险业及生活性服务业则采取增值税的简易计税方法。随后将使更多行业进入改革试点的范围,并最终全面取消营业税。至 2013 年 8 月 1 日,"营改增"的试点范围已经覆盖全国。

我国财政部及国家税务总局在 2013 年 12 月 13 日正式宣布将从 2014 年 1 月 1 日开始在"营改增"的试点范围中加入铁路运输业和邮政业,并将适用税率设置为 11%,这意味着交通运输业完成了全行业参与"营改增"的工作。

## 二、改革试点的税制安排

根据财政部和国家税务总局关于"营改增"试点方案中的规定可知,我国扩大增值税范围的政策是以财政的承受能力、服务业的相关发展态势及征管条件为基础的,并在此之上选择能够展现较强示范作用和具有较强经济辐射效果的地区作为改革试点。在 2012 年 1 月 1 日起对上海进行两个行业的试点改革工作中,

可以从以下几个方面对其内容进行概括。

1. 计税依据

根据"营改增"试点方案中的相关规定，在原则上对纳税人来讲应将其所发生的应税业务，以及在交易过程中获得的全部收入作为计税依据。如果一些行业存在大量的代垫资金或者代收转付业务，那么可以对这些业务所涉及的金额酌情采取合理抵扣。

2. 税率

在相关规定中，增值税在 13% 和 17% 这两档高低不同的税率之外将增加 6% 和 11% 这两档税率。而且，对于不同税率的适用范围也做出了相关规定：交通运输业适用 11% 的税率，有形动产租赁适用 17% 的税率，其余现代服务业适用 6% 的税率。

3. 计税方式

简易计税和一般计税是在我国"营改增"试点实施中所规定的两个基本方法。其中，对于一般纳税人所进行的应税服务的项目采取一般计税方法，对于财政部和国家税务总局规定的特定应税服务，则对纳税人采取简易计税方法，但如果选择好了相应计税方法则在 36 个月内都不能变更。同时，对于小规模纳税人采用简易计税法对其所提供的应税服务项目进行计税。

## 三、"营改增"过渡期政策的衔接与安排

对于"营改增"的过渡期可以这样理解，即不同的地区成为试点之前和之后相关政策会出现差异的时期。怎样将跨越试点的经营活动所涉及的发票和应税项目处理好，怎样将客户、合同及会计处理问题协调好都是过渡期必须考虑的事情。①

在过渡期政策的衔接上有以下几个方面需要注意。

1. 应税服务范围的判定

如何确定纳税人是否具有"营改增"试点纳税人的身份应以其应税服务范围

①　文小玉."营改增"试点期间的过渡性政策及主要税制是如何安排的［J］.纳税，2013（1）：29.

的判定为基础。因为每一个处于试点地区的企业都可能成为改革试点纳税人，但在改革试点产生的初期通常还是凭借税务机关做出的主观判断来确认纳税人的身份，可是这并不能很好地解释纳税人所属身份的由来。站在税法遵从的角度可知，主动遵从税法中的规定是纳税人的义务，而因不遵循税法规定所产生的风险则将由纳税人全部承担。但是站在征管的角度来看，试点对这个问题的把控更应该从大方向入手，不应仅限于文字细节。面对本应纳入试点但因某些原因没有纳入的情况，应该承认该情况的存在，反之若国税机关凭借已经发生的缴纳营业税的行为对纳税人追加征收增值税则属于不公平地对待纳税人。

2. 营业税与增值税分解标准的确定

企业的经营活动是一直持续的，而过渡时点则属于一种静止的状态。企业对过渡时点的跨越是不可避免的，然而"营改增"的试点政策却没有对此进行较为细致的说明，所以可能会陆续出现很多问题。

3. 投机和风险问题

"营改增"的政策会同时带来机会与风险，而且大部分营业税的纳税人并不具备增值税纳税人的经验，缺少面对原有税法规定被修订的能力，所以很可能会产生一些违反法律规定的念头。

就像如果试点的纳税人的采购或者应税服务被要求在改革前就完成，但是其供应商将业务延后至改革之后，从而获取增值税的专用发票进行进项税额的抵扣，那么其便获取了不当利益。虽然服务的发生具有不可见性，可是想对其发生时间做出正确判断是不难的，可以从固定资产、合同和付款日期等方面找到答案。面对这种投机情况税务机关需要加强检查的力度。

另外，应税服务与销售货物相比，其产生纳税义务项目的时点更易确定，只要以其服务所约定的收款时间为准，而对于没有做好收款时间约定的则以其服务完成时间为准。这种方式符合营业税的要求，在纳税义务发生的同时进行发票的开具，所以交易双方可以凭借时间来验证所开具和取得的发票。

4. 优惠政策的延续

原来的营业税优惠政策可以继续在试点地区进行改革后的增值税政策中实行，不影响纳税人享受原有政策。例如，对"四技"服务仍然免征增值税，但纳税人所需承担的转换成本可能会增加。而曾经在地税机关进行过备案的纳税人可能需要到国税机关重新备案，因为国税同地税之间还没有可以进行直接认同的政策。

过渡期的政策则有如下几个方面的安排：

（1）税收收入的归属问题。为保持"营改增"试点在改革阶段内仍具有稳定的财政体制，试点地区原有的营业税收入在转变为增值税之后依旧为该试点地区所有。而因改革而减少的财政收入则分别由中央和地方政府负责。

（2）税收优惠政策的过度安排。在试点期间，原有的营业税优惠政策仍然有效，但如果在改革之后已经将纳税人面临的重复纳税问题解决了，则取消原有的优惠政策。试点地区可以酌情对政策进行取舍和适用。

（3）协调跨地区的税种。纳税人以其机构所在地作为纳税地点，若营业税的应税劳务发生在试点地区以外，那么在计算增值税税额时可以将已经缴纳的营业税抵扣出去。若不属于试点之内的纳税人的经营活动发生在试点地区内部，则可以根据现行的有关营业税的规定计算营业税税额。

（4）增值税抵扣政策的衔接事宜。如果交易发生的双方是原增值税的纳税人与新增值税的纳税人，而前者从后者处购买了应税服务并获取了增值税专用发票，那么根据增值税的规定可以在计算税额时进行相应的抵扣。

# 第三节　物流业"营改增"的基本情况概述

## 一、我国物流业的发展现状

相对于其他经济较为发达的国家和地区而言，我国的物流产业起步比较晚，具备的基础也不够坚实，应该说还处于初步发展阶段。[①]目前，一些物流业正常

---

① 李智彬. 我国物流业发展现状与应对策略［J］. 山东社会科学，2010（4）：107–109.

运转所需的基础设施和装备已经形成了一定规模，然而仍然可以在物流业内部质量和其运作效率方面做出很多提高和改善。同时，物流业的专业化服务也刚刚起步不久，在提高其总体质量的方面也可以大有作为。此外，物流业还存在着如产业集中度低、供应商在需求上对物流服务的要求不足，以及物流服务所需的高离散度没有达到等问题。我国物流业目前的发展现状如下：

首先，物流活动在整个社会中的重点部分依旧是企业物流，但对于专业化物流服务的需求有所增加。国内的一些大型企业逐渐意识到，可以从改善企业内部相关的物流管理方面降低生产成本，而且此举还能使商品的运转效率得到提高，生产结构也能得以优化，所以逐步展开了对内部物流管理的优化。由此可见，我国的物流业还处于发展的起步阶段，在整个社会的物流活动中，企业物流还占据着最大的比重。另外，对专业化物流服务的需求变得越来越大。这主要有三个方面的原因：第一，跨国公司对此的需求大量增加；第二，国内很多优势企业对此的需求开始增多；第三，包括电子商务等在内的新兴经济领域对专业化物流服务的需求规模也越来越大。

其次，出现了很多专业化物流企业，多样化的物流服务也初具规模。我国的物流体系可以大概分为三种，分别是以传统运输、仓储及贸易批发企业为前身转换而成的传统物流企业，依靠新型营销理念、服务方式及科学管理手段建立起来的以专业化物流企业为主要形式的新兴物流企业，以及国际物流企业。随着物流企业数量的增多和不断发展，多样化物流服务的新形式和专业化物流服务也得到了相应的快速发展。包括流通加工、商业配送、多式联运、货运代理和社会化储运等在内的很多物流职能，以及物流业的运行环节都受到了更多的关注，规范化和科学化也成为未来物流服务的发展方向，同时显现出了物流服务逐步走向系统化的特征。社会分工的细化也对物流业产生了影响，很多物流企业的业务内容包含了物流方案的设计、物流运输活动的组织，以及一些物流辅助服务的提供，以此更好地为生产流通型企业提供更加全面的物流服务，也就是说全程物流服务已经出现。

再次，物流业所需的基础设施和相应装备的发展取得了初步成功。我国物流业的基础设施在经济发展迅速的宏观背景下得到了相应完善。在交通运输方面，已经建成了由陆路、水路、航空，以及管道运输所共同组成的综合运输体系，运输的线路、车辆，以及相关的场站和硬件设施也得到了较好的建设。在仓储设施的建设方面，我国在粮食物资、商业外贸，以及军队等方面进行的建设比较集中，同时还配有相应的运输货运枢纽和场站等必要设施。在信息通信方面，我国电信网络主要以光缆为主，并辅助以数字微波和卫星通信等大容量的数字干线传输网络，干线光缆长度已经超过 30 万千米，覆盖面包括我国所有的地级市以上的城市，以及 90% 以上的县级市和大部分的乡镇，已经成为国际信息网络的重要组成部分。在包装和搬运设施方面，过去以人力为主的手工搬运方式已经逐渐被取代，对在运输货物时经常出现的混乱现象也采取了相应的改善措施，自动化技术和现代化包装已经被广泛运用到我国的物流活动中。

最后，物流业的发展受到了各级政府的高度重视。国务院的有关部门一直都在怎样促进物流业发展上做积极的研究，而各地的政府也一直致力于进行推动当地物流业发展的研究工作，相关的政策也得以出台，各级政府都希望能通过物流业的发展进一步促进我国经济的整体发展。

## 二、物流业"营改增"的主要内容

### 1. 物流业纳税人

对于增值税一般纳税人的概念可以这样理解，即以财政部对小规模纳税人的规定标准为基础，若其年应税销售额超过这个标准，则可以将其确定为增值税一般纳税人。其中，年应税销售额指的是在一个公历年度中产生的全部销售额（包括纳税评估需调整的和税务机关查补的销售额）。当纳税人在一个公历年度中产生的应税销售额高于小规模纳税人所对应的标准时，可以通过税务机关做出申请转变为一般纳税人，但如果已经取得一般纳税人资格，那么则不允许其再擅自恢复小规模纳税人资格。对于一般纳税人资格的认定标准有两个要求：第一，该企业的生产场所必须是固定的；第二，该企业的会计核算制度必须是健全的且纳税人资料也必须是准确且完整的。只有符合以上两个条件才有资格向税务机关申请取得一般纳税人的资格。

对于小规模纳税人的概念可以这样理解，即其年应税收入没有达到财政部对于一般纳税人所规定的标准，而且其会计核算制度也不健全。此外，当小规模纳税人具备了成为一般纳税人的条件时可以向税务机关提出申请。

2. 税率的变化

物流业在"营改增"之前并没有成为独立的税目，仅根据不同的业务采取不同税目的征收，主要包括运输业、服务业和邮电通信业。运输业中包括陆、水、空，以及管道四种运输方式。服务业中包括仓储及包装。邮电通信业中包括快递和邮政两个部分。物流业在"营改增"之后就无需缴纳营业税了，并通过交通运输业和物流辅助业这两个部分来缴纳不同的税率。①

3. 计税方式的变化

营业税本身的计税方式是采取应纳税销售额与税率做乘积这种较为简单的方法。在"营改增"后，给纳税人增设了 500 万元销售额的界限，同时将纳税人分成了两类，即一般纳税人和小规模纳税人。纳税方式也细化为两种，分别是一般征收与简易征收。对增值税的一般纳税人采取一般征收的方法，即销项税额减进项税额。若出现当期的销项税额减掉进项税额之后无法满足抵扣条件，那么可以将抵扣转入下一年度，此种征收方法对一般纳税人采用。简易征收法则采取不含税销售额与征收税率乘积的值作为税收总额的方式，不能将进项税额抵扣，因此对会计核算制度不健全的小规模企业较为适用。

4. 计税销售额的变化

在"营改增"之前，营业税的计税销售额是以企业所获得的全部价款，以及价外费用除去对其他单位支付的价款后的金额为准，也就是该企业得到的纯收益。在"营改增"之后，试点地区的应税服务企业在会计核算制度上遇到了变化，收入从价内税形式变成了价外税形式，因此获取的全部价款和价外费用就成了含税销售额。

一般纳税人的计税销售额是由其获取的全部价款及价外费用与给其他单位及个人支付的含税价款的差额除以对应的增值税税率或征收率与 1 的和而得出的数值。

小规模纳税人的计税销售额是由其获取的全部价款及价外费用与给其他单位

① 高志玥，郝乌春. 营改增对物流企业的税负影响 [J]. 内蒙古科技与经济，2014 (24)：54-55.

及个人支付的含税价款的差额除以征收率与 1 的和而得出的数值。

以 100 元的运费为例，在"营改增"之前，不管企业是什么性质，其营业税的计税销售额都是 100 元。而在"营改增"之后，作为一般纳税人的企业其计税销售额为 90.09 元（100/1.11），作为小规模纳税人的企业其计税销售额为 97.08 元（100/1.03）。

### 三、物流业"营改增"的有利影响

#### 1. 重复纳税被消除，结构性减税得以实现

在物流业进行"营改增"的改革之前，营业税制之下的重复纳税问题是特别严重的。在营业税多环节全额征税的模式下，物流企业每进行一次交易就会以其交易全额为基础产生一次营业税的征收。与此同时，物流企业还有很多涉及增值税缴纳的活动，如燃料的外购等情况。但是，在这类已缴纳了相关增值税进项税的相关活动中，出于其受到增值税与营业税两税重复征收的限制，以及因增值税所能覆盖的范围过于狭小所以无法进行进项抵扣这两个原因，物流业面临的重复纳税问题变得十分严重。物流企业的交易链条较长，其对专业化分工的水平和协作程度的高低有着很高的要求，所以重复纳税的出现会使其承受更多的税负压力，从而间接地使该行业在专业化分工与外包服务工作的进展上受到阻碍，让企业只能选择更加粗放的发展模式以应对税负带来的压力，从而使得我国物流业无法扩大其发展空间。

在实行"营改增"之后，物流业无须再缴纳全额的营业税，取而代之的是进行差额征收的增值税，并且在税法中规定过的外购而来的机器设备和对固定资产进行更换等项目能够以增值税专用发票为依据将进项税额进行抵扣。如此一来，货物和劳务所服从的税制不一致的问题得以解决，也就是重复纳税的现象将不复存在。[①] 在物流企业中，其用来购置机器设备的花销通常很大，但在"营改增"之后，这些设备机器的更新频率会得到提高，物流产业的升级也将会在短期内得到实现。在物流企业内部，税制改革还能推动专业化协作生产的进步，从前为承

---

① 张钦斐. 基于"营改增"的物流业涉税分析 [D]. 山东财经大学硕士学位论文，2014.

担重大税负压力而采取的粗放式经营模式也得以转换。物流企业因此可以分别以自身所具备的核心竞争力为基础，成为独立的个体，使得第二、第三产业在物流业得到发展的同时也加快分离的脚步，物流业最终将在更加利于其自身的税制环境中继续发展。

2. 增值税抵扣链条得以完善，征管效率得到提高

经济业务中所发生的增值额正是增值税的计税依据，增值税因其不用重复纳税，并且对企业在其业务范围及运行模式上没有其他影响而被广泛采用。从理论的角度出发，仅将在经济业务中所发生的增值额进行征税是无法做到完全没有重复纳税的，只有对在企业进行生产时因投入中间产品而缴纳过的税款也同时进行全部扣除才能达到完全没有重复纳税的效果。而一旦有无法抵扣的流转税款出现，重复纳税的问题也会出现。

所以，对于增值税的征收范围，应将其扩大到全部产业链。两税并存的问题在"营改增"全面实施之后得到了有效的解决。而物流业由于受到政策的限制，无法处在增值税的链条之中，这与经济运行规律十分不符。因此，"营改增"在物流业的实行过程中，将物流业列入增值税的抵扣链条是关键的一步，这会对物流业和国民经济的发展都产生关键性的影响。

在改革之前，物流业面临着难度大且效率低的税收征管压力。因为物流业中有很多业务交叉的环节不好进行区分，而两税又是并行的，对兼营不同应税项目活动的纳税人而言，其税基的量化难度极大，物流业发展税制的难度和税务监管部门的压力都特别大。但是在"营改增"全面实施之后，增值税抵扣链条得以完善，企业的税收成本下降了，同时相关税务部门也提高了其工作效率。

## 四、实施过程中面临的主要问题

1. 物流业各个环节中的税目和税率不一致

在"营改增"之前，我国物流业务在当时的营业税制度下被划分为两类税目，分别是交通运输业和服务业，所对应的税率分别为3%和5%。因为物流业一直存在的各环节税目税率不统一和发票不一致的问题给物流业的发展带来了很大困扰，所以国务院在2011年对此作出了指示，要求与增值税的改革试点相结合，

将仓储、配送及货运代理这类的环节同运输环节之间营业税税率不一致的问题尽快解决。[①]但是2013年的财税文件还是给物流业设置了两个税目，即交通运输服务和物流辅助服务，并分别设置了11%与6%的增值税税率。此举阻碍了现代物流一体化运作，也使相应的税收征管面对更大的压力，同时物流企业也面临着更大的纳税风险。

在快递业中这个问题变得更加明显。在"营改增"之前，物流业三个不同税目对营业税的征收虽然不同，但实际的税率差别并不大，问题也并不突出。但是当交通运输业和部分现代服务业展开"营改增"的试点工作之后，一些关于税负不公平及税收征管混乱的问题逐渐显现出来。快递企业面临着作为可能提供交通运输服务的企业，以11%的税率进行增值税的缴纳；面临着作为可能提供物流辅助服务的企业，以6%的税率进行增值税的缴纳；还面临着作为可能提供邮电通信服务的企业，以3%的税率进行营业税的缴纳。这种情况使得相同行业中采用的税目不同，并导致税负的差距很大，对税法的严肃性和税负的公平性产生了严重的影响，并且其产生的后果可能会引发更多的问题。所以，将快递业尽快纳入"营改增"的改革试点并明确其所属税目及税率受到了业内的大范围呼吁。但事与愿违，虽然邮政业被纳入"营改增"的改革范围，但快递业仍被征收税率为6%的增值税，这与对它的界定有关。[②]

2."营改增"后物流业的税负增加

由第二次全国经济普查数据可知，物流业属于微利行业，其平均年利率低于10%，其中仓储、运输企业的平均年利率分别为3%~5%和2%~3%，而货物代理、卡车运输，以及一般的物流服务平均年利率大概为2%。虽然物流业获利不多，但其所需承担的税负却不小。从2013年3~7月的对我国物流企业税收负担水平的相关调查可知，2008~2012年，这些被调查的企业的平均税收负担水平已经高达20.19%，超出全国平均水平1.93%。而在"营改增"之后，物流企业所需承担的税负更重了，其货物劳务税及总体税负均呈现增加趋势。因此，其获利空

---

① 潘彦凤. 深化物流业"营改增"试点改革研究 [D]. 云南财经大学硕士学位论文，2014.

② 程文先. 物流业营业税改征增值税的问题研究 [D]. 云南财经大学硕士学位论文，2014.

间更小了，其发展与扩张的难度增加，国家对其发展的鼓励也变得无济于事。

3. "营改增"的征管政策与物流业所具有的网络化经营特点不符

合理规划、协调统筹，以及对产品流动的优化是现代物流为获取最大利益和支付最小成本而采取的经营理念。在服务范围上，其发展逐步具备全国性甚至国际性而不仅限于地区性。从社会分工的角度来看，其发展的状态已经不再是各自封闭，而是主动进行资源整合共享，推行网络化的经营方式，并以此谋求更多利益。但是在物流业逐步走向网络化管理的过程中，现行的相关税收征管政策却与其产生了一些摩擦。

想要采取网络化的经营方式，物流企业通常会通过总公司进行运输工具的统一采购，然后让其下属的分公司、子公司负责实际运营。这样一来，下属公司可以进行抵扣的进项税额就变少了，而总公司却有大量的进项税可以抵扣。2013年发布的财税文件曾经规定，在财政部和国税总局的批准下，纳税人若是两个或者两个以上的可以看作一个纳税人进行合并纳税。但因为这方面的审批受到限制，所以绝大多数的物流企业都无法享受到将增值税合并缴纳的优惠政策。这就使物流企业更难做大做强，同时企业间不平衡的税负问题也更加严重。

网络化管理对物流企业的网店设置有越多越好的要求，同时尽量将网点的人员数量减少以使人力成本降低，因此能够达到增值税开票要求的网店也不是很多。然而部分物流企业开票金额较小、但是频率高且数量多，这就使企业又面临着在购买、开具及对比发票上面出现的更大的压力。因此，物流企业的人力成本居高不下，税务机关的征管工作也有很大的难度。

4. 挑战了物流企业对于挂靠车辆的管理模式

有一些个体的货运车主并不具备运输经营资质，所以其将运输工具在物流企业进行挂靠，通过物流企业具备的资质进行业务的承揽。而物流企业在这种经营模式之下则对挂靠在此的车辆的销售收入所涉及的核算管理较为注重，按比例根据其营业收入收取费用。所以，对于这些车辆因燃油燃气、维修、过桥过路而产生的费用的重视程度不那么高，一些有关于挂靠车主的税费基本上都由车主自己负责。若"营改增"后仍然按照这种方式经营，那么其所需面对的增值税的实际税负会相当可观。

5. 小规模纳税人若从事的是货物运输服务则其生存空间被压缩

在"营改增"之后，这类纳税人所需承担的税率由 5% 下降至 3%。虽然其所需承担的税率降低了，税负减轻了，但并没有出现有利于其发展的情况。因为这类纳税人在其代开的增值税发票上所标明的增值税税率是 3%，即使是一般纳税人取得了这种发票也只能按 3% 进行抵扣，但如果是货物运输服务方面的一般纳税人，则可以根据其提供的运输发票以 11% 的税率进行抵扣。这就使得增值税的一般纳税人在合作对象为上述类型小规模纳税人时可能会拒绝合作，上述类型小规模纳税人的生存空间就变小了。

6. 物流企业面对的涉税风险更大

增值税专用发票有着严格的管理规定，在"营改增"之前，货运企业对公路及内河的货物运输业一直采取着比较宽松的统一发票的政策。一些业务员会自行与挂靠车辆取得联系进行货运或者营业款项的收取，同时将货运企业所开具的发票提供给劳务购买方。在"营改增"之后，专项发票只能通过一般纳税人的货运企业在其对外经营业务需要收取款项时才能给付款方开具。因此，一旦货运企业没有对专用发票做到充分了解，那么其很可能会面临更多的涉税风险。

# 第四节　本章小结

本章对我国"营改增"的基本情况及其所面临的问题进行了分析。首先，对"营改增"的政策背景进行了分析，揭开了改革前因两税并存而带来的较大弊端和分税制改革对"营改增"的启发。其次，阐述了"营改增"的主要内容，并对试点地区新的税制安排进行了解释，阐述了"营改增"过渡期的政策安排和衔接问题。最后，对我国物流业"营改增"的基本情况进行了概述。主要包括我国物流业的发展现状、"营改增"政策在我国物流业的主要内容、有利影响，以及在该政策实施的过程中所面临的主要问题。通过本章的研究和分析，我国"营改增"的基本情况和所面临的问题得到了很好的梳理，将对下一步研究起到有益作用。

# 第四章 "营改增"对物流业影响的理论分析

作为政府调节市场的重要手段之一，税收不仅能在比重上影响国家和纳税人占有的社会总产品，并且能在数量上对纳税人个体所占有的社会产品做出调整。因此，税收政策会对企业占有的改变及社会产品的支配产生巨大影响。在当今，现代物流业被赋予了新的意义，它不仅是传统意义上的运输服务和仓储服务，还涉及流通加工、批发零售、信息管理、废弃回收、咨询服务等多个领域，成为一个集系统化、信息化、仓储现代化为一体的综合性服务行业。物流企业所涉及的税种繁多，有增值税、营业税、企业所得税、个人所得税、印花税、房产税、城建税、车船税等十几种，物流业的服务关系到多个行业，如交通运输业、仓储业，还有各项物流辅助服务，每个领域都有各自独特的税制。物流所具有的综合性特点使它难以适应当下迅速发展的热潮，也暴露出其政策中的盲点，一些典型性问题在物流企业涉税业务中尤为突出，比如说发票是否合理使用、自己开票是否具有资质、企业所得税是否由总分机构统一申报缴纳等。上述问题出现的主要原因是，面对快速发展的物流业，税收监管无法及时跟上发展节奏对物流业实施有效监督，滞后的应对措施难以把控秩序。由此可以看出，物流行业作为在高速发展中脱颖而出的行业，其发展前景和可为社会带来的贡献都是不可限量的。然而，我国的物流行业发展刚起步不久，经验有限，仍然处于较低级的阶段。现阶段如何做到最大限度地节约税收以降低成本、增加利润，依然是个困扰物流行业的大问题。税收政策对于国家起着很重要的作用，它是调整经济产业结构的重要手段。在激烈的竞争环境及复杂的税收制度双重压力下，物流企业该如何正确纳税并接受挑战顽强地拼搏；应该做出怎样的纳税筹划方案才能使得企业价值最大化，这对探寻物流业更好更快发展的道路具有深远的意义。

# 第一节 "营改增"对物流业业态及行业上下游的影响

## 一、"营改增"对物流业业态的影响

1. 有利于高端物流业态的出现

（1）有利于物流信息集成企业的发展。为了让企业不必因重复纳税而采取"大而全、小而全"的生产模式，营业税改增值税要求将物流等业务外包出去，避免为了减少流转缓解而采取全部内化的方式，这样可将更多的精力转化为专业化生产。有专家表示，"营改增"将带动第四方物流的发展。所谓第四方物流指的是一个供应链集成商，使企业可以有效地整合资源和真正实现成本的降低。另外，由于能够与第三方物流、技术供应商、管理咨询等合作，这些企业都非常优秀，它们能够提供个性化的、有效的供应链解决方案，以此来帮助客户达到想要的目标。通过调动整合自身及互补的服务提供商的资源、设备、技术，来构建一个完整的供应链解决方案。"营改增"施行后，企业的物流业务可以选择第四方物流，并且低端运输可以被部分外包出去，在传统物流服务的基础上充分利用互联网，结合信息技术，通过认证管理体系完整系统地筛选合作伙伴，使得实现物流信息共享、社会物流资源合理利用等问题得以解决，提供专业的供应链解决方案，更好地服务于顾客，创造更多的有效价值。

（2）有利于物流行业集中化发展。在"营改增"之前，物流行业在缴纳营业税时费用无法被增值税进项税额抵扣，为了谋取更高利润，很多网络供应商将物流业务作为自己公司的一部分运营流程，如淘宝网等网络电商实行满一定金额免运费的优惠条件来吸引顾客，促进消费。实际上使用这种销售方式，送货费用被包括进了产品的售价，其运送过程中发生的成本被视作营业成本，作为电商，从经营过程中所发生成本取得的增值税发票是可以抵扣的，如在物流运输流程中燃油费的损耗，为经营而购置的交通工具等。而营业税改增值税后，为应对政策带来的影响，物流业务很有可能被网络供应商外包出去，不再作为自己的运营流程改让专业的物流公司运行，这么做带来的好处不仅是自身支付的物流费可按11%的税率抵扣增值税，而且原本只在电商处抵扣的运输设备购置税费同样可以作为自身抵扣的一部分，在这样的环境下，必然促使业务分散的物流企业往更集中、更专业的方向发展，而面对新的改革形势无法立刻做出合理调整的物流企业则会在激烈的竞争中被淘汰。2013年七八月，银泰集团联合复星集团、富春集团、阿里巴巴集团、顺丰集团、申通、圆通、中通、韵达，联合其他的一些金融机构，共同创建了"中国智能物流骨干网"，平时耳熟能详的菜鸟驿站所属的"菜鸟网络科技有限公司"，正是在这样一个很好的环境下把握住了机会，迅速在全国各大城市铺设业务网点，它的目标就是用不到十年的时间，打造一个信息一体化高度集成、为大众服务的、方便的社会化物流仓储企业，当今社会网购的火热发展，离不开这些物流企业在背后凭借其优质服务的支撑，目前人们网购一件产品已经基本实现了隔日甚至是次日到达。这使物流行业中诞生了一种新思维，即将更多的货物托付给各个节点的物流仓管中心存储，合理利用信息化技术，提高货物的配送效率和准确性，降低成本。尽管现在还处于一个理论阶段，但这种营业模式一旦运行，势必为物流行业的发展带来质的提高，运输企业的集中度将得到显著提升，带来规模效应，在保证高信誉的同时将成本降到最低，进一步加快物流业的整合。

2. 有利于低端物流企业加大投入，调整结构

"营改增"后，由于物流企业日常运营所投入的成本都是可以被抵扣的，如运输工具、电子设备、电子系统，包括专用的网络平台的开发费用，这大大刺激了低端物流行业的投入力度，有利于积极推动设备更新换代，在自身企业业务能力与技术水平提高的同时还推进了其他产业的蓬勃发展。原本资金不充足的小规模企业在"营改增"带来的机会中，收获了购入设备可以被增值税抵扣的好处，促使他们更加重视设备购置和更新，不仅使企业自身加强了竞争力，提高了工作

效率，带动了企业经济效益增长，而且对与之相关的制造业发展也有极大的积极影响，对于物流企业如何选择经营方式，相关产业结构如何变化的问题也提供了新的解决方案。

## 二、"营改增"对物流行业上下游企业的影响

"营改增"后，物流企业致力于最大化减轻负担，将改革对自身的不利冲击降到最低，最合理的方案便是优化企业管理，由于增值税抵扣对物流行业上下游企业有重大影响，在企业选择合作伙伴时需慎重考虑。采用环环相扣的产业链条使企业自身的税额抵扣更加便利，如此企业既可以增加自身收益又增加了下游企业的抵扣额，有利于带动相关各个企业的发展，积极鼓励其转型升级。综上所述，随着税制改革的深入，涉及的相关企业不仅要在财务管理上深谋远虑，重视税收缴纳的新变化，还需要调整管理战略、优化经营方式、加强对外服务、升级对内管理。

1. "营改增"对物流企业上游的影响

（1）有效遏制上游企业乱开发票的现象。依据我国增值税专用发票管理办法规定，采购方如果想在交易中获取增值税专用发票，需要向身为一般纳税人的销售方提供相应的材料。这些材料包括采购方的营业执照及组织机构代码证复印件、国税税务登记证复印件、增值税一般纳税人资格认定书复印件。而增值税发票一旦不小心开错，对发票进行抵扣和报销便是无效的，由于开具增值税发票条件严格，为了规避不必要的麻烦，物流行业的车辆驾驶员们缺乏开具增值税专用发票的积极性。而由于征收营业税时增值税专用发票是无法抵扣的，物流行业更加缺乏开具发票的动力，这就导致所开具的增值税专用发票数额与真实情况不符，如加油站在开具发票时随意填数额等。在税制改革执行后增值税专用发票变得可用以抵扣，乱开发票的现象将会得到有效遏制，从而严格规范了上游企业的发票开具并确保了其真实性。

（2）有利于上游企业业务流程的完善。增值税一般纳税人只有取得专用发票才有资格抵扣销项税额进项税额，为了让财务人员业务能力和素质得以提高，公司需加强相关技能培训，尤其重视对外来凭证的审核流程，对于可抵扣项保持高度职业敏感，谨慎关注发票的索取，降低企业不必要的成本，从而获得更多收

益。同时,在选择上游企业合作伙伴时,是否是增值税一般纳税人成为一项值得物流企业高度关注的问题,由此"营改增"大大促进了上游企业向一般纳税人的转变,使企业发展更加规模化、规范化。

2. "营改增"对物流企业下游的影响

(1)使下游企业产品的定价有了松动的可能性。在"营改增"之前,对于物流企业征收营业税,固定资产金额是无法抵扣的。而营业税改征增值税之后,不再重复征税,更有利的是,增值税是价外税,因此是可以被扣减的,如运输工具所包含的增值税,所以理论上能够减少物流企业的负担,并且减轻企业整体税收负担,这就有利于企业缩减成本,从而使产品定价有降低的可能性,同时能更有效地俘获消费者。

(2)有利于下游企业分工细化。在营业税改增值税之前,虽然企业在外购运输劳动环节拥有7%的增值税抵扣值,但显然这样的抵扣是不充分的,因此在许多企业的生产过程中,运输环节往往倾向于自给自足,以自供服务代替外购服务,这就导致服务过于依赖内部操控,从而使服务业的专业化分工和服务外包难以顺利发展。施行"营改增"改革之后,每一道流转环节应纳增值税基数成为一个增值额,每个环节不可中断,如果上一环节没有完整纳税甚至不纳税,则本环节就无法充分抵扣甚至全部无法抵扣。基于上述变化,一些生产制造企业越发有强烈的意愿将运输业务向外分离。由此可见,此次税制改革对专业分工的深化、创新效率的提高会有积极的鼓励作用。

# 第二节 "营改增"对物流企业会计处理和财务分析的影响

## 一、"营改增"对物流企业会计处理的影响

营业税改成增值税后,税基、税目、税率等都出现很多改变,这些改变都直

接影响到了物流企业的征税方式（见表4-1）。

**表4-1 营业税改增值税前后各项目对比**

| 项目 | "营改增"前 | "营改增"后 | |
|---|---|---|---|
| 应交税种 | 营业税 | 增值税 | 增值税 |
| 应税项目 | 交通运输业务<br>物流运输业务 | 交通运输业务 | 物流辅助业务 |
| 税基 | 含税营业额 | 交通运输业务收入 | 物流辅助服务收入 |
| 税率 | 3%、5% | 11%、3% | 6%、3% |
| 纳税方法 | 营业额直接乘以税率 | 一般纳税方法<br>简易纳税方法 | 一般纳税方法<br>简易纳税方法 |

很大一部分物流企业属于小微型企业，这些企业的特征是应交增值税的营业额低于500万元，营业税改增值税后，这些企业属于小规模纳税人。物流辅助服务和交通运输服务作为物流企业最主要的收入获得来源的两大行业，在改革之前，其交通运输服务收入的营业税税率为3%，而物流辅助服务收入的营业税税率为5%，在实际操作时，需要按照具体收到的金额分别缴纳，并且是进行全额缴纳。营业税改增值税之后，这两大行业都改为了3%的征收率，而且税基也发生了改变，变成了不含税收入，因此最终的税费实际上是有所下降的。作为小规模纳税人的物流企业，税目和税基在改革后都发生了改变，计税方式由原来的业务收入乘以税收比率，转变为增值税收入乘以增值税的增收率，由于"营改增"这项税制革新牵扯到了各个方面，影响到了各种税收的机理，需要研究者转变思考方式，因此本书也需要深入考虑这些影响。

"营改增"后，具有一定实力的物流企业也可以选择成为一般纳税人，这些企业的特征是应税收入在500万元以上，当然这里的收入渠道也主要是交通运输业和物流辅助行业。根据规章制度，作为一般纳税人，其计税方法是销项税额减去进项税额，这里的销项税额是企业在提供服务的过程中产生的，而企业在取得服务的过程中和进行采购的过程中都可以产生进项税额，但在进项税额中真正能够抵扣金额的必须是那些能够开具增值税的专用发票的业务，因此物流企业需要时时刻刻注意这个政策的变化并且适应它，因为此次改革中诸如上述要注意的事项还有许多，而这些事项都是改革的核心目的，具有针对性和实用性，作为一个好的企业需要注重这些细节问题。在"营改增"之后，由全额缴纳改为以不含税收入来计算，交通运输业在不含税收入额度的情况下以11%来计算增值税，而物流辅助服务则按照不含税收入情况下的6%来计算增值税。

1."营改增"对小规模纳税人的影响

如表4-1所示，物流企业选择成为小规模纳税人是有很多潜在因素影响的，不同的企业对于税率、税收依据和计税体制的变化所给出的反应是多变的，然而如前所述，小微型企业一般会选择成为小规模纳税人，根据我国的情况，物流企业很大一部分会选择小规模纳税人，我国还有许多小规模的物流企业，这些企业赚取收入的能力并不是很强，因此此次税制改革使得大量小规模物流企业面临着是借此机会生存得更好还是没有跟上形势就被淘汰的重大影响。下面将举出具体案例，以便于更加直观地比较"营改增"前后小规模纳税人企业受到的影响。

案例一：A企业的主要赚钱业务有两个，即辅助性的流转业务和货物传递业务，我们假设在税制改革之前，A物流企业运输业的收入为200000元，物流辅助服务中的仓储收入为96000元。

在营业税改增值税之前：

A物流支付营业税为：$200000 \times 3\% + 96000 \times 5\% = 10800$（元）

在营业税改增值税之后：

支付的增值税为：$(200000 + 96000)/(1 + 3\%) \times 3\% = 8621.36$（元）

根据对A物流企业税制改革前后税额的计算，进行对比可以发现，改革确实对企业有所帮助，改革后税收成本减少了许多，企业得到了一个较好的发展环境，并能够向更好的趋势发展，也更进一步体现出了这项改革的意义，即节税效应降低企业成本，使一些物流企业潜在进入者不断进入市场，这些小规模纳税人的小微企业在市场中相对来说生存得比较艰难，但是因为这些企业数量多，帮助它们有一个好的环境得以生存，更为长远的意义在于解决了一些社会问题，如就业问题，当前我国经济下行压力大，需要大力推行创新意识，鼓励创业带动就业，而政府需要提供一个有效的市场，税制改革就是政府有效的调节手段，而一个好的调节手段，不仅对企业有利，而且能够提高整个社会的福利水平。

2."营改增"对一般纳税人的影响

与之前相比，在一般纳税人的情况下有一些不同，一般纳税人一般为收入超过 500 万元的物流企业，这时企业的应税依据没有变化，但是由于对增值税率不同的项目做出了区分，所以要把两项主要赚取收入的项目服务分开核算。通过分开核算的方式，物流企业可以较好地优化内部分工，加强物流企业管理的规范性。一方面，交通运输收入在改革前是按照应税额度的 3%来缴纳的，在改革之后，则按照应税额度的 11%支付增值税；另一方面，物流辅助服务收入则按照营业收入的 5%来缴纳营业税，在改革后，可以按照纳税规定，抵扣可税额后的额度再乘以 6%来缴纳增值税。但是，在实际情况下，尤其是刚刚税制改革，物流企业的进项抵扣能够抵扣的项目比较少，可以很清楚地看到税率的增加导致税收负担实际上是增加的，对于作为一般纳税人的物流企业来说，这次的改革对他们是很不利的。通过如上分析可知，营业税改增值税后，对于不同层次的纳税人也会发生不同的改变，纳税目标、税率、税目一点点的变动影响的都是整个行业，和分析小规模纳税人一样，这里也给出案例来进行具体分析。这里与前者不同的是，它不仅影响增值税和营业税两种产生的流转税，还能够影响企业中的附加税和经济效益。

案例二：一般纳税人是 B 物流企业的纳税身份，而运输和服务是这个物流企业的主要赚钱方式，在刚刚改革后的这个会计期间，B 物流企业为交通运输业的发展投入了一些成本，主要有购置车辆及与汽车相关的修理费用和燃油费用，另外还有服务和交通兼有的经营成本、员工的工资和一些固定资产需要计提的折旧费，以及仓储服务需要的仓储费用。由于是改革后不久，B 物流企业能够扣减的进项税额非常少，仅有少量的修理费用和燃油费用能够取得增值税发票（约占这两项费用的 1/4），企业短期又不会继续增加固定资产，所以扣减不了多少，但由于税率还是同原来一样为 7%，附加税为 7%和 3%，这样看起来或许还是有好处的。其他的忽略不计。具体对比情况如表 4-2 所示。

表 4-2 税制改革前后利润的简易对比

单位：万元

| 项目 | "营改增"之前 | "营改增"之后 |
|---|---|---|
| 营业收入 | 1500 | 1372.6 |
| 　交通运输收入 | 1000 | 900.9 |
| 　物流辅助收入 | 500 | 471.7 |
| 营业成本 | 1000 | 957.5 |
| 营业税金及附加 | 60.5 | 8.49 |
| 　营业税 | 55 | 0 |
| 　营业税金及附加 | 5.5 | 8.49 |
| 增值税 | 0 | 84.9 |
| 　销项税额 | 0 | 127.4 |
| 　进项税额 | 0 | 42.5 |
| 营业利润 | 439.5 | 406.61 |

由表 4-2 可知，在"营改增"之前，这个物流企业需要缴纳的营业税税额是 $1000 \times 3\% + 500 \times 5\% = 55$ 万元。而在税改之后，增值税的计算方式发生了改变，变成了增值税=销项税额-进项税额，这里需要先算出销项税额，销项税额为企业的收入分别乘以交通和物流服务各自应税的服务项目的税率，并且这里的收入是指不含税的收入，另一项则需要再根据不同类型的物流企业所具有的不同管理模式或不同企业性质所规定的业务中产生的业务成本中可以抵扣的进项税额，根据公式销项税额减去进项税额算出的结果，就是"营改增"之后的增值税，为84.90 万元。所以对于 B 企业来说，改革之后税负反而增加了29.4 万元。由于附加税是由流转税作为计税依据的，物流企业的城市建设税和教育附加税可以在营业税和增值税的基础上计算出来。由表 4-2 可知，物流企业附加税增加的就是来源于增值税的增加，由税制改革前后的比较可知附加税多了2.94 万元。通过这个简单的案例，可以说明在进项税额抵扣范围等制度不完善的时候，由于营业税改增值税后无论是交通运输还是物流辅助服务，它们的税率都提升较多，这导致了税收负担增加，企业面临严重困难，需要进行合理规划，虽然企业之前的实力很强，赚取的收入很多，但在新的情况下，其需要采取新的措施，来抵抗面临的税制改革冲击。

此外还可以发现，物流企业的纳税身份是一般纳税人时，除了税收负担的加重，物流企业的利润也减少了，许多企业表示这不利于自身发展，因此表明税收改革是错误的，但是营业税改增值税已经开始实施，企业必须迎难而上，采取相应的措施，实际上在国家还会出台后续的相关政策，这些相关政策可以帮助这些物流企业渡过短期的难关，企业需要做到的是耐心，在寻找企业的收入增长点，提高自身的服务质量，运用更好的方式管理企业，减少管理成本，降低税务成本。

营业税改增值税后，首先会让人想到的确实是税收负担，计税依据、计税方法、计税方式都发生了很大的改变，因此税收负担带给人的直观影响是无法被忽略的，它对于不同的企业产生了不同的影响，这些影响都很深刻地改变了企业在市场中的行为，因此无法被忽略。但除了税收成本的影响之外，还有一些需要时刻注意的事项，如物流企业的税收成本在资产负债表和利润表的反映状况，由于税费的变动非常大，隶属于物流企业的财务人员在平时的工作中，就需要注意税费成本方面的变化，从最开始的原始凭证种类的改变到记账凭证中会计科目的改变，紧接着是账簿总额的改变，最后到记入财务报表的整个过程都需要注意，可以推出编制的最后财务报表中金额对比"营改增"前后的差异会比较大。

营业税改增值税后，物流企业在会计处理上有很多地方需要做出改变，如要及时调整增值税税率、记账凭证中会计科目，以及会计科目金额等，由此导致会计分录等各种会计流程都发生了改变。在"营改增"之后，需要时时刻刻注意，进项税额的扣减是增值税的优点，物流企业需要注意将采购或者接受应该缴税的税务服务所产生的进项税额去抵扣本企业在经营过程中产生的销项税额，最终产生增值税，要在会计分录中表现出来。

案例三：以 C 物流企业为例，具体地体现营业税改增值税后企业在会计的账务处理方面发生的变化。物流企业 C 主要收入来源项目也是交通运输和物流辅助服务，该公司在一个项目中赚取的收入为 1680000 元，与 C 物流企业有业务往来的公司在当天就完成了应税劳务的付款，在"营改增"后，该企业出具了增值税发票，这项收入的来源主要是交通收入，其中修理车的费用为 46800 元，可以被抵扣。

第一步，先假设这笔业务发生在营业税改增值税之前，即物流企业还在实行营业税，根据规章制度要按照营业税的会计流程来核算走账。

营业税：A 物流缴纳营业税 = 1680000 × 3% = 50400（元）

所做的会计分录如下：

第一笔，对企业应该支付的税额进行确认

借：营业税金及附加 50400

　　贷：应交税费——应交营业税 50400

第二笔，支付营业税时

借：应交税费——应交营业税 50400

　　贷：银行存款 50400

这个会计分录是 C 物流企业在没有取消营业税时的状态，可以看出其简洁明了，处理起来也很容易。

第二步，考虑到这笔业务实际上是发生在营业税改增值税之后，此时不应该再根据营业税的管理规定处理上述的业务往来，由于 C 物流企业的纳税身份是一般纳税人，在处理增值税时，应该计算不含税的销售收入，算出相应的销项税额，然后根据上文可以抵扣的进项税额，算出增值税的结果，并且物流企业的会计人员应该注意会计科目和会计分录也发生了相应的改变。

不包含税负的业务收入 = 1680000/(1 + 11%) = 15135134（元）

应该支付销项税的金额 = 1513514 × 11% = 166486（元）

进项税金额是 46800 元

需支付增值税 = 166486 − 46800 = 119686（元）

根据所算出的金额可以记录 A 物流有限公司以下的会计分录：

第一笔，确认收到的价款

借：银行存款 1680000

　　贷：主营业务收入 1513514

　　　　应交税费——应交增值税（销项税额） 166486

第二笔，A 物流企业缴税时，销项税额是 166486 元，进项税额是 46800 元

借：应交税费——应交增值税（已交税金） 119686

贷：银行存款　　　　　　　　　　　119686

从案例三可以看出，在 C 物流企业与其他公司的业务来往中，一笔很普通的交通运输方面的经济业务，在"营改增"后的实际会计处理中的复杂程度增加了不少，损益表里扣除税务的成本中不包含增值税，关于应交增值税的明细科目非常多，如前所述，C 物流企业的会计流程变得非常复杂，因此对于像 C 物流企业这样的公司面临着很大的挑战，不仅对公司的会计人员有更高的要求，也对管理者提出了更高的要求，管理者要更改管理的规章制度，与员工协调业务操作流程，这项改革的重要任务之一就是迫使企业的管理更加规范，也许会暂时失去一些利润，但是放眼未来，企业或许会获得更好的转型机会，提供更好的服务质量。

## 二、"营改增"对物流企业财务分析的影响

在此次营业税改增值税中，物流企业的税收负担不管是流转税、附加税还是所得税，都会受到大大小小的影响，显而易见，最终的报表会出现各种可能的差异。然而，它的影响也很明显，因为目前投资人和债权人等都需要看财务报表，在深入分析财务报表之后，才会有相应的决策，最著名的就是巴菲特，他经常观察财务报表获取有用的信息，如经营状况、盈亏情况等，而财务报表的变动自然牵扯着各企业的心，这里也包括物流企业。

综上所述可知，"营改增"对财务分析带来的影响中，首先就是资产负债表中科目的列示与核算。营业税税额的计算是把税费成本包含在收益之中的，而增值税分为进项税额和销项税额，在最后计算时是可以抵扣的。因此，"营改增"之后带来的并不是简单的会计科目的变化，还会给资产负债表的数值带来一定的影响。其次利润表会受到比较大的影响。一方面，含税收入和不含税收入的差距是很大的；另一方面，物流企业成为增值税的扣缴义务人后，在计算税费核算成本时可以抵扣进项税额，成本会下降。营业税取消之后，其附加税也会相应变化，从而影响利润。不论是物流企业的决策人、投资者和债权人，还是和物流企业相关的经济人，都会关注企业的财务报表并通过报表数据的变化分析物流企业在成为增值税的扣缴义务人之后给业绩绩效带来的影响。因此，对于企业来说，研究分析"营改增"对财务报表的影响是不容忽视的。

# 第三节 "营改增"对物流企业管理和 纳税申报的影响

## 一、"营改增"对物流企业管理的影响

1. "营改增"对经营管理的影响

我国实行"营改增"改革影响了企业正常的发展和经营，因此必须做出相应的调整。一方面，在"营改增"改革之后，针对增值税类型的项目比原来增加，相应地也增加了税种发票，而作为税务管理部门就要增强管理增值税发票的使用，这就要求企业根据管理要求来合法使用发票。当企业进行物资采购，享受应有的服务，进项税就会产生，当企业进行产品的销售及提供对外服务时，销项税就会产生。管理此类税收的发票也有了更严格的要求。另一方面，相比于改革之前核算应纳税额的方式，实行"营改增"改革之后的核算方式更为复杂。以物流企业为例，现在核算出来的应纳税额是在同一个时期所发生的销项额和进项额之间的差值，这就会使核算过程更加复杂。此外，针对不同业务混合经营的情况，需要提高核算要求。物流企业中存在多样化的工作环节，所提供的服务也各种各样，因此在多种业务混合中就会出现混业经营的模式。如果企业存在混业经营的情况，同时没有明确不同业务的经营范围，那么根据我国税收政策，在纳税时就要以其中税率最高的那个数值来计算增值税费用。为了降低税收成本，企业就要明确划分不同服务项目的类别，这样就不会因为类别的不明确而增加企业的税收负担。

"营改增"改革要求核算增值税的会计方法也进行相应调整，满足物流企业的发展需求。作为企业财务工作者，就要根据政策要求来调整增值税的核算方法，明确增值税计提的比例，从而可以对企业成本做出合理的评估。此外，要不断完善发票管理的流程，设计出合理的程序加强发票管理。由于物流行业的特殊

性，所需要的增值税种类较多，在处理时相对复杂。虽然每笔发票数额相对较小，但每个月所积累的发票可以达到千万张，增值税发票数量尤其巨大。为了更科学地管理发票，相应的税务部门和企业就要不断进行管理流程的完善，减轻自身工作量。

2."营改增"对发票管理的影响

在"营改增"改革之前，物流企业的税收类型是划分为营业税的，相应地，所开具的发票也是营业税类型。在实行"营改增"改革之后，企业的税收类型发生了变化，征收增值税改变了营销发票的开具及管理方式，发票类型变为增值税发票。根据增值税政策要求，在进行征收时会根据发票上的金额来执行，那么在企业发展过程中增值税中的专用发票发挥的作用尤其重要。所谓专用发票其实就是指企业在进行劳务提供或者货物销售时需要的凭证，是企业征收增值税的依据。不同于商贸企业，物流企业所涉及的业务类型中农产品收购或者销售的发票相对较少。一般来说，进项发票可抵扣的类型主要体现在以下方面：通用缴款书、增值税专用发票、海关进口增值税专用缴款书，以及运输费货用结算单据，而机动车销售发票、货物运输等开具的发票都属于增值税专用发票。在国家实行"营改增"改革后，管理发票主要有了以下调整：

（1）货物运输业增值税发票所面向的对象主要是针对货物运输服务提供的纳税人。而其他增值税方面需纳税的行为可普遍应用增值税发票，其发票既包括普通发票也包括专用发票。对于小规模货物运输提供服务的纳税人，如果要求必须是货运专用发票的，可以向相关部门进行申请。

（2）纳税人在试点地区是不能进行内河或者公路运输货物的发票开具的。同时，一些税收政策规定免纳增值税或者进行应税服务提供时，增值税专用发票不得开具。

（3）普通的定额发票主要是针对纳税人在进行装卸搬运、货运、客运，以及港口码头服务时进行开具的类型。

（4）纳税人在代理国际货物的运输业务时需要开具的增值税普通发票为五联，专用发票为六联。而纳税人小规模提供服务的情况所使用的是普通发票，在进行购付时都以第四联作为汇联依据。

## 二、"营改增"对物流企业纳税申报的影响

"营改增"还影响了申报增值税相关流程的应用,一些申报表格在纳税人新增的情况下做出了一定的修整。一般每个固定月份小规模的纳税人都会进行申报,需要准备的材料如下:①增值税纳税申报表及其他附列资料;②其他申报需要的材料。税务部门会根据税控机每月进行征收,通过网上申报提高工作效率。

由于物流企业的特殊性,企业内部有税控系统的情况可上门进行征收。一般纳税申报要求准备的申请材料如下:《增值税纳税申报表》及相关附列资料,包括《增值税纳税申报表附列资料(一)》《增值税纳税申报表附列资料(二)》《增值税纳税申报表附列资料(三)》《固定资产进项税额抵扣情况表》。

# 第四节 "营改增"对物流企业税负和利润的影响

## 一、"营改增"对物流企业税负的影响

### 1. 货物劳务税税负的影响分析

对于企业来说,企业所得税和货物劳务税是相对税额征收较大的类型,因此本书主要以这两个税种作为分析对象,进行具体论述,而其他影响较小的税种不进行过多论述。

为了分析营改增之后税负发生的变化,本书以数理模型进行了相关因素的分解。主要从抵扣的进项税额及变动的税率所引起的一系列效应两方面入手。一般来说,销项税额和进项税额之间的差值就是一般纳税人所需要纳税的数额,而应税收入与营业税率的乘积则是营业税额。我们可以对试点"营改增"的物流企业进行假设,改革前的营业税率用 a 表示,改革之后的营业收入用 A 表示,在区域范围固定的条件下,$T1 = A \times a$ 是营业税额,而改革之后企业要缴纳增值税,假设用 b 表示增值税率,那么 $G = b \times A$ 就表示销项税额。假设企业从外部采购第 i

种劳务或者商品，所抵扣的进项价值用 Vi 来表示，所征收的增值税率用 ti 表示，而 H = Vi × ti 表示进项税额，增值税为 T2 = G − H = b × A − Vi × ti，t = (T2 − T1)/A = (b × A − Vi × ti − A × a)/A = b − a − Vi × ti/A 代表企业在经历营改增后所需要缴纳的货物劳务税数额的变化。抵扣进项税额引起的减税效应用 Vi × ti/A 表示，变动税率引起的增税效应则由 b − a 表示，其中净效应用 t 表示。因此，可以借助公式认识到企业在经历营改增之后货物劳务税发生变化的影响因素。

第一，增值税率和营业税率相比整体要高，如果在一定的条件下，改革之后的物流企业主要是按照 11%、17%、6% 三个不同档的比例来缴纳增值税的，而改革之前的营业税率仅为 3%，这就说明企业需要承担更多的货物劳务税费用。

第二，完整的抵扣增值税的链条。当前我国在这方面比较落后，这样就会导致不充分的抵扣进项税额。此外，企业从外部采购劳务或者商品时由于比率降低，多抵扣的进项税额就会越少，企业需要承担的税费就会增加。

第三，G/R 表示企业中间投入的比率。一般企业产生的成本分为两大方面：一是从内部产生的人力成本，二是从外部采购的劳务和商品的成本。后者一般称为中间成本，可抵扣进项税额，前者则不符合抵扣进项税额的条件。如果企业的销项税额及营业收入固定不变，那么在中间比率降低的情况下，企业进项税额抵扣的数额也会变少，企业需要承担的税费就会增加。

2. 企业所得税税负的影响分析

我国居民企业应纳所得税一般用应纳税所得额和税率的乘积来计算。而政府需要缴纳的税额需要扣除减免和抵扣的税额。在现实纳税过程中，我们会运用间接计算方法来确定纳税所得数额。特别是对于航空运输类型的企业，"营改增"之后会影响企业获取的利润，就会引起企业所得税的变化效应。

首先，会影响企业所取得的营业收入。在改革之前，物流行业的收入额一般会根据合同额来确定发票额的开具，改革之后在营业收入的基础上根据不同业务的税率比例另外计提税收。因此，开票收入与营业税额之间的差值为物流公司所获得的收入。例如，运输业务，物流企业的开票和实际收入分别为 100 元和 97 元，根据我国税收政策，企业经营中所产生的运输费用及销售或采购货物的成本，要求根据单据上所体现的具体运输费用的数额及进项税额以 7% 的比例核算出来的数值来进行抵扣。一般运输费用额和扣除率的乘积就是进项税额。那么物流企业在进行发票开具时会体现两部分发票额,其中上游公司占93%的比重,进项税额占7%。还是基于以上的运输发票金额为100元的假设,上游企业以93元的成本进入。这就说明当物流企业的营业收入不发生变化时,营业收入是否含税所产生的比率可以用两者之间的差额和含税营业收入的比值来表示。因此从理论上来说,企业如果减少了营业收入,那么利润也会减少,企业可能会承担更低的企业所得税费用。

其次,影响企业成本。以交通运输业为例,发生的成本费用包括燃油费、公路运输费、租赁设备费,以及采购费等部分。而江西省主要以陆运为主,海运及空运相对不发达,同时有较高的燃油费成本,可抵扣的使用设备的费用也比较多,港口及航空所提供的服务是应税试点服务类型,因此抵扣费用会更高。而在公路运输方面,所消耗燃料的成本大约占35%,而运输设备或者设备维修保养的费用占10%,其中大约有15%的人力成本和30%的路桥成本。而根据抵扣的凭证数额来核算,验证之后的税负会相对减少。除此之外,人力费用、设备租赁及折旧成本都包含在物流辅助服务成本中,以增值税专用发票为依据,可以抵扣进项税额,这样将不会再重复核算成本,从而降低了总体成本,如果一定条件维持不变,那么企业就会增加利润,相应的也会提高企业的所得税费用。

## 二、"营改增"对物流企业利润的影响

企业的税负受"营改增"影响,所获得的收益大小也会发生变动。在税收没有改革时,利润表会将营业税项目纳入其中,这样在核算净利润时就会受到影响。而实行"营改增"之后,流通的商品才会产生增值税,作为价外税,由接受劳务和购买货物的主体承担,因此所核算的净利润不会受增值税影响,不过企业的收益却会因为增值税的存在而发生变动。

首先,实行"营改增"之后,物流企业利润发生的变动主要涉及几个主要环节。其中,会降低企业的营业收入,作为价外税的增值税,在企业发展中所获得的营业收入是包含税收费用在内的,这就说明在进行营业收入的核算时需要将增值税扣除掉。不同于增值税,营业税属于价内税,在改革之前企业所获得的销售

额其实就是企业所获得的营业收入额。因此在改革之后，在销售额不变的情况下，如果征收增值税，那么就会降低营业收入，而其中营业收入减少的数额其实就是销项税额。

其次，企业成本减少。一般来说，企业成本根据成本的流动性分为固定和变动成本。变动成本主要是指发生的人力、燃油等费用的消耗，而固定成本包括企业固定资产的采购及折旧费用。在"营改增"改革之前，政府征收营业税实际上是增值税进项核算，并没有一些变动成本来进行抵扣，而"营改增"之后可以用进项税款来抵扣，从而使变动成本减少。而在固定成本核算方面，企业会将固定资产纳入原值，而不能作为增值税的抵扣费用。在"营改增"之后，固定资产则可以进行增值税的抵扣，这样也实现了固定成本的降低，同时进项抵扣额也会有很大的提高。此外，在企业入账总额减少的情况下，所计提的固定资产的折旧费用也会相应减少，这样就会减少固定成本。一般来说，在其他条件不变的情况下，成本和利润成负相关关系，企业就会获得更多的利润。不过，物流企业销售额中可抵扣的费用所占的比重也会影响企业利润。

最后，影响企业营业附加税费。当前主要的附加税费包括教育费和城建税两种类型，而它们在核算税收额时都会根据企业的流转税额来进行，然后根据不同的税率进行具体核算。而实行"营改增"改革之后，这两个税种的计税基础有了一定的变化，因此所缴纳的税费也有了相应的改变，从而影响了企业的利润。

# 第五节　本章小结

本章概述了"营改增"对物流业可能存在的影响：首先，在营业税改为增值税后，对于物流业的业态主要有以下影响：第一，"营改增"使物流企业更加注重专业化，把更多的精力放在本企业的核心业务上，促使物流这个行业不断往集中化方向发展，有助于物流企业形成高端化业态，因为可以进行增值税抵扣，物流企业也鼓励加大投入，进行结构的调整。第二，对于物流业上下游企业的影响，物流行业上游企业乱开发票的现象得到了限制，并且上游企业的业务流程更加完善。而下游企业方面，对于产品的定价有了更多的空间，产品可获得更多的降价空间，造福消费者，另外下游企业也因此得到了更加细化的分工。

其次，阐述了营业税改增值税后对于物流企业会计处理和财务分析的影响。第一，由于"营改增"后物流企业面临的税基、税目、税率等发生了改变，因此本章分析了"营改增"对于不同层次企业的影响，有对小规模纳税人的影响和一般纳税人的影响，并通过案例分析"营增改"前后的应交税额，比较了改革前后税额和利润的差异，以及会计处理的不同，得出可能存在以下影响：①小微企业作为小规模纳税人来说，这样的行为是有节税效应的，并且有利于鼓励创业、增加就业量，解决一些社会问题。②然而大型的物流企业作为一般纳税人则不一定有利，因为在进项税额抵扣还不完善的情况下，税务成本是增加的，需要企业及时调整以应对可能出现的问题。③会计处理流程有重大改变，该流程不仅分录、名称等出现了较大的改变，项目金额也有很大的不同。第二，分析了物流企业财务的影响。

再次，说明了营业税改增值税对物流企业管理和纳税申报的影响：第一，对物流企业管理的影响主要在于经营管理方面和发票管理方面；第二，纳税申报的要求也不同，陈述了新的申报内容及相关资料。

最后，概述了对物流企业税负和利润可能的影响，通过建立数学模型具体分析两种税负（即货物劳务税税负、企业所得税税负），在理论上探究物流企业的利润有何变化，具体是收益、成本和营业税金及附加的变动，由于变化幅度和相对的比例不同，不同的企业会有不同的利润变化，本部分将在后文通过收集不同性质的物流企业数据进行实证分析。

# 第五章 "营改增"对物流业上市公司税负影响的实证研究

　　我国物流业"营改增"改革始于 2011 年，且在上海市率先展开。其中，交通运输业和部分现代服务业是上海市物流业"营改增"改革试点的先头行业。在上海市"营改增"改革试点进行一年之后，我国流转税制改革的范围在 2012 年进一步扩大，涵盖了北京等 8 个省市。随着"营改增"改革试点的成功和不断推广，截止到 2013 年底，"营改增"改革的试点范围已包括全国大部分地区。2013年是我国物流业发展的转折点，"营改增"在全国范围内的推广对物流业的未来发展及走向有着至关重要的影响。在对物流业实施"营改增"改革试点的地区中，大多数行业的税负都呈现不同程度的下降趋势，且税负负担都有所减轻。然而，也有部分特例，一些行业的税负在"营改增"后，呈现不降反升的态势。

　　从中国物流与采购联合会对上海市物流业的调查可知，上海市 2012 年进行改革试点的行业的税负均呈现增加的态势，且增幅较为明显。例如，2012 年 1月，上海邦德物流有限公司的实际税负就比营业税税负高出 3.4%。[①] 此外，国家还为"营改增"的改革试点出台了一系列的政策规定，其中就包括 2012 年颁布的"补贴一季度税负累积增加达到 3 万元的企业"等诸多补贴政策。靳东升指出，2012 年上海市物流业"营改增"改革试点的减税规模在第一季度就已达 20亿元人民币。[②] 尽管如此，张志刚指出，在上海市物流业"营改增"改革试点的过程中，仍有少数行业的税负不降反升。那么，"营改增"改革究竟对物流业的

---

　　[①] 参见《中物联关于物流业营业税改增值税试点情况的调研报告及政府建议》。
　　[②] 鲍喆. 上海营改增致物流业税负增加　将享受补助 [EB/OL]. http://economy.caijing.com.cn/2012-06-21/111906637.html，2012-06-21.

税负有何影响？物流业中的各个细分行业是否有相同的税负变化趋势？哪些因素会对物流业的税负变化产生影响？

基于此，本章运用物流业上市公司 2008~2015 年的年报数据，对"营改增"改革前后物流业上市公司税负的变化进行测算，并找出影响物流企业税负变化的主要因素，对物流企业税负变动的规律及趋势进行分析和探究。

# 第一节　理论分析

本节首先从理论上分析"营改增"改革对物流企业税负的影响，通过对物流企业税负的变动情况进行测算，找出影响物流企业税负变动的主要因素，并通过这些因素来探讨物流业"营改增"改革对企业可能产生的影响。在会计学中，增值税税负被定义为"企业增值税应纳税额与营业收入之比"，用公式来表示，即

$$增值税税负 = \frac{增值税应纳税额}{营业收入} \times 100\% \tag{5-1}$$

其中，增值税应纳税额 = 销项税额 - 进项税额　　　　　　　　　　　　　(5-2)

进项税额 = 固定资产进项税额 + 外购劳务进项税额 + 外购商品进项税额

$$\tag{5-3}$$

因此，增值税税负的计算公式为：

$$增值税税负 = \frac{销项税额}{营业收入} \times 100\% -$$

$$\frac{可抵扣固定资产进项税额}{营业收入} \times 100\% -$$

$$\frac{外购劳务进项税额}{营业收入} \times 100\% -$$

$$\frac{外购货物进项税额}{营业收入} \times 100\% \tag{5-4}$$

由式（5-4）可知，企业增值税税负取决于企业自身的营业收入、销项税额，

以及由可抵扣固定资产、外购劳务和外购货物三个进项税额构成的企业进项税额。如果企业的营业收入和相关税负的税率都是既定的,那么企业的销项税额也就是固定不变的。因此,在这种情况下,企业增值税税负仅取决于由可抵扣固定资产、外购劳务和外购货物三个进项税额构成的企业进项税额。

1. 可抵扣固定资产进项税额/营业收入

物流业的固定资产分为不动产和动产两大类。其中,车站、码头、机场及港口等地面建筑物和公路、铁路等运输载体属于固定资产中的不动产;运输设备、专用养护及维修设备和办公设备等属于固定资产中的动产。运输设备指的是企业拥有的车辆、飞机、轮船等设备,专用养护及维修设备是指对运输设备进行养护和维修的相关设备,办公设备指企业办公楼、办公桌椅等设备。物流业"营改增"的改革促使企业固定资产进项税额的计算方式发生转变。"营改增"后,物流企业拥有的不动产所含的进项税额不能被扣除,而大部分动产的进项税额则可以被扣除。因此,在"营改增"后,企业可抵扣的固定资产发生了变化,可抵扣固定资产与营业收入之比也随之改变,从而影响了企业的税负水平。本节用可抵扣固定资产进项税比率来衡量企业固定资产对税负的影响,具体公式如下:

$$S_1 = \frac{A_1 - A_2}{Y \times (1 + R)} \times R \qquad (5-5)$$

其中,$S_1$ 表示可抵扣固定资产进项税额与营业收入之比;$A_1$ 表示企业当年新增固定资产总额;$A_2$ 表示企业当年可抵扣的不动产;$Y$ 表示企业当年营业收入;$R$ 表示增值税税率。

2. 外购货物进项税额/营业收入和外购劳务进项税额/营业收入

物流企业主要的外购货物包括汽油、机油等燃料、电力及火力等动力、低值易耗品等。物流企业主要的外购劳务包括铁路、公路及航道等的养护、技术的培训与服务、设备的维修、金融保险等。物流业进行"营改增"改革后,企业外购的大部分货物和劳务都可以进行进项税抵扣。然而,事实上,物流企业的年报中都不包含企业外购货物和外购劳务的具体数值。因此,我们无法获得这两个指标的企业数据。故本节引用国内学者邵瑞庆、巫珊玲和劳知雷在 2002 年的关于物流企业外购货物和外购劳务的研究成果(见表 5-1),来测算企业外购货物和外购劳务的价值总额及各自的进项税额，进而分别计算出两者进项税额与企业营业收入之比，以度量"营改增"后企业外购货物及劳务对税负变动的影响。但是，由于引用的文献只包含物流业中少数行业的数据，因此本节关于此部分的研究也仅限于文献中涵盖的行业。

表 5-1　物流业外购货物和外购劳务及其所含进项税占营业收入的比率

单位：%

| | 公路运输业 | | 水路运输业 | | 航空运输业 | | 水路运输辅助业 | |
|---|---|---|---|---|---|---|---|---|
| | 占营业收入的比率 | 进项税占营业收入的比率 | 占营业收入的比率 | 进项税占营业收入的比率 | 占营业收入的比率 | 进项税占营业收入的比率 | 占营业收入的比率 | 进项税占营业收入的比率 |
| 外购货物 | 22.48 | 3.27 | 23.68 | 3.44 | 20.36 | 2.96 | 13.93 | 2.02 |
| 外购劳务 | 1.65 | 0.24 | 12.28 | 1.78 | 9.22 | 1.34 | 6.69 | 0.97 |

资料来源：邵瑞庆，巫珊玲，劳知雷. 交通运输业实行增值税的可行性分析 [J]. 税务研究，2002（10）.

本书的外购货物与营业收入之比和外购劳务与营业收入之比两个数据均取自上述文献，因此这两个比率在物流业下细分的同一行业中是恒定不变的。两者的关系如式（5-6）所示：

$$S_{ij} = \frac{P_{ij}}{1+R} \times R \tag{5-6}$$

其中，$S_{ij}$ 表示第 i 个细分行业中第 j 个企业的外购货物或外购劳务的进项税额与营业收入之比；$P_{ij}$ 表示第 i 个细分行业中第 j 个企业的外购货物或外购劳务与营业收入之比；R 表示增值税税率。

3. "营改增"前后企业税负变动率

本节基于以下两个假定进行对于"营改增"前后企业税负变动率的测算。其一，收入和成本假定。该假定认为企业的收入和成本是恒定不变的，不受"营改增"政策的影响。并且，企业外购的固定资产、货物和劳务都包含增值税。其二，相关税率假定。该假定假设企业的相关税率均为同一值、且保持不变，即企业所得税为 25%，运输业营业税为 3%，城市维护建设税为 7%，教育费附加为 3%。此外，交通运输业增值税为 11%。

基于上述两个假定，上市公司"营改增"改革前后税负变动率计算的相关步骤及公式如式（5-7）~式（5-14）所示：

$$①销项税额 = \frac{营业收入}{（1 + 增值税税率）} \times 增值税税率 \tag{5-7}$$

$$②进项税额 = \frac{外购固定资产 + 外购货物 + 外购劳务}{（1 + 增值税税率）} \times 增值税税率 \tag{5-8}$$

$$③应纳增值税税额 = 销项税额 - 进项税额 \tag{5-9}$$

$$④增值税与营业税的差额 = 应纳增值税税额 - 营业税税额 \tag{5-10}$$

$$⑤城建税与教育费附加变动额 = 增值税与营业税的差额 \times 100\% \tag{5-11}$$

$$⑥应纳所得税变动额 = 营业税 - 城建税与教育费附加变动额 \tag{5-12}$$

$$⑦企业所得税变动额 = 应纳所得税变动额 \times 25\% \tag{5-13}$$

$$⑧税负变动率 = \frac{企业所得税变动额}{营业收入} \times 100\% \tag{5-14}$$

由式（5-7）~式（5-14）可计算出各个上市公司的税负变动率，如果该值大于零，则说明该上市公司的税负有所升高；否则，上市公司的税负则有所降低。

# 第二节　样本的选取与数据的取得

由于在国泰安数据库中，交通运输、仓储和邮政业根据证监会 2012 年版行业分类划分为铁路运输业、道路运输业、水上运输业、航空运输业、管道运输业、装卸搬运和运输代理业、仓储业和邮政业共八个细分行业。各个细分行业包含的上市公司个数如表 5-2 所示。由表 5-2 可知，邮政业不包含任何一家上市公司。因此，本节的研究将邮政业剔除在外。此外，因为本节选取的数据来源于沪深两市物流业上市公司 2008~2015 年的公司年报，所以在此期间，没有或缺少年报的上市公司将被剔除出研究样本。因此，我们将包括海峡股份、富林运业在内的 29 家上市公司从样本中剔除。由于管道运输业唯一一家上市公司被剔除，所以管道运输业没有上市公司数据，无法进行下一步实证研究，故本节研究的细分行业包括铁路运输业、道路运输业、水上运输业、航空运输业、装卸搬运和运输

表5-2　证监会 2012 年版行业分类

| 行业 | 细分行业 | 上市公司个数 |
|---|---|---|
| 交通运输、仓储和邮政业 | 铁路运输 | 4 |
| | 道路运输业 | 35 |
| | 水上运输业 | 35 |
| | 航空运输业 | 15 |
| | 管道运输业 | 1 |
| | 装卸搬运和运输代理业 | 3 |
| | 仓储业 | 9 |
| | 邮政业 | 0 |

代理业，以及仓储业。

在此基础上，为保证研究结果的准确性，本节还将缺乏研究期完整数据、研究期中相关指标统计口径发生变化、在研究期内进入或退出证券市场的上市公司剔除出样本。在剩余的研究样本中，本节依据《应税服务范围注释》，并结合上市公司自身因素及相关环境因素，为保证"营改增"对上市公司税负影响实证研究的可行性，在综合考虑后，本节最终选取了 22 家上市公司作为研究样本。五个细分行业各自包含的研究样本个数、上市公司名称及其代码如表5-3所示。

表5-3　最终选取的各细分行业上市公司的个数、名称及代码

| 行业 | | 个数 | 公司名称 | 代码 |
|---|---|---|---|---|
| 交通运输、仓储和邮政业 | 铁路运输业 | 3个 | 铁龙物流 | 600125 |
| | | | 大秦铁路 | 601006 |
| | | | 广深铁路 | 601333 |
| | 道路运输业 | 6个 | 楚天高速 | 600035 |
| | | | 赣粤高速 | 600269 |
| | | | 五洲交通 | 600368 |
| | | | 宁沪高速 | 600377 |
| | | | 江西长运 | 600561 |
| | | | 交运股份 | 600676 |

| 行业 | 个数 | 公司名称 | 代码 |
|---|---|---|---|
| | | 南京港 | 002040 |
| 水上运输业 | 4个 | 上港集团 | 600018 |
| | | 中远航运 | 600428 |
| | | 亚通股份 | 600692 |
| | | 白云机场 | 600004 |
| | | 上海机场 | 600009 |
| 航空运输业 | 5个 | 南方航空 | 600029 |
| | | 外运发展 | 600270 |
| | | 中国国航 | 601111 |
| 装卸搬运和运输代理业 | 1个 | 澳洋顺昌 | 002245 |
| | | 深基地 B | 200053 |
| 仓储业 | 3个 | 中储股份 | 600787 |
| | | 保税科技 | 600794 |

（注：交通运输、仓储和邮政业 跨 水上运输业至仓储业各行）

本节从深圳证券交易所和上海证券交易所中获取了 22 家物流业上市公司 2008~2015 年的年报，并通过对各上市公司年报数据的归纳和汇总，整理出 22 家上市公司 2008~2015 年每年的营业收入、新增固定资产、利润总额等研究所需数据。

# 第三节 "营改增"后可抵扣固定资产对物流企业税负的影响

从第五章第二节选取的数据可知，本节分别从铁路运输业、道路运输业、水上运输业、航空运输业、装卸搬运和运输代理业，以及仓储业领域进行研究，以探究"营改增"后，企业可抵扣固定资产对不同细分行业税负的影响。

## 一、铁路运输业

在证监会 2012 年版行业分类中，铁路运输业包括 4 家上市公司，符合本节研究需求的有铁龙物流、大秦铁路和广深铁路 3 家上市公司。因此，运用这 3 家上市公司的年报数据对铁路运输业"营改增"后可抵扣固定资产对税负的影响进行研究，结果如表 5-4 所示。

表 5-4　铁路运输业上市公司固定资产对"营改增"后税负的影响

| 公司名称 | 年份 | 新增固定资产（元） | 可抵扣固定资产（元） | 可抵扣进项税额（元） | 可抵扣进项税占营业收入比率（%） |
|---|---|---|---|---|---|
| 铁龙物流 | 2008 | 393208495.78 | 379611932.19 | 55157289.29 | 3.62 |
| | 2009 | 191605489.55 | 161721872.65 | 23498049.87 | 1.50 |
| | 2010 | 137996072.71 | 135467057.71 | 19683247.70 | 0.90 |
| | 2011 | 247411919.81 | 232579979.64 | 33793672.26 | 1.16 |
| | 2012 | 245446893.02 | 233931248.91 | 33990010.53 | 0.83 |
| | 2013 | 690333294.94 | 553895360.72 | 80480522.50 | 1.88 |
| | 2014 | 318229179.93 | 297180667.90 | 43180097.05 | 0.73 |
| | 2015 | 394873626.62 | 349284491.59 | 50750738.09 | 0.80 |
| 大秦铁路 | 2008 | 15925205072.00 | 14868436795.00 | 2160371158.25 | 9.56 |
| | 2009 | 5271622880.00 | 4812942963.00 | 699316498.90 | 3.02 |
| | 2010 | 6503230519.00 | 5438213854.00 | 790167824.94 | 1.88 |
| | 2011 | 6929656485.00 | 4565710727.00 | 663393866.32 | 1.47 |
| | 2012 | 2985569610.00 | 2169591218.00 | 315239749.62 | 0.69 |
| | 2013 | 4702132377.00 | 3934960594.00 | 571746411.09 | 1.11 |
| | 2014 | 4168529087.00 | 3069082499.00 | 445935063.96 | 0.83 |
| | 2015 | 11789282331.00 | 4005161361.00 | 581946522.54 | 1.11 |
| 广深铁路 | 2008 | 5142148608.00 | 3177053270.00 | 461623124.70 | 3.95 |
| | 2009 | 1473292372.00 | 1021560817.00 | 148431913.58 | 1.20 |
| | 2010 | 904005495.00 | 533895224.00 | 77574519.73 | 0.58 |
| | 2011 | 1093332766.00 | 496499761.00 | 72140990.91 | 0.49 |
| | 2012 | 2084191970.00 | 973119577.00 | 141393442.81 | 0.94 |

| 公司名称 | 年份 | 新增固定资产（元） | 可抵扣固定资产（元） | 可抵扣进项税额（元） | 可抵扣进项税占营业收入比率（%） |
|---|---|---|---|---|---|
| 广深铁路 | 2013 | 1439335897.00 | 677114158.00 | 98384108.43 | 0.62 |
| | 2014 | 1485951450.00 | 435977944.00 | 63347222.63 | 0.43 |
| | 2015 | 1471138325.00 | 961749795.00 | 139741423.21 | 0.89 |

资料来源：根据各上市公司 2008~2015 年年报数据计算整理。

由表 5-4 的数据可知，三家上市公司可抵扣固定资产进项税额与营业收入之比的走势在 2008~2015 年基本一致，且三家公司在 2008 年的比值均为这期间的最高值，但又有一定的差异。铁路物流和广深铁路在 2008 年的比值较为接近，均在 3.5%~4%。而同年大秦铁路的该值却达到 9.56%，远远高于其他两家上市公司。由三家公司 2008 年的年报数据可知，2008 年大秦铁路在专业设备等不动产方面的增幅较大，且数额是其他两家公司的 3~4 倍。因此，其 2008 年可抵扣固定资产进项税额与营业收入的比率过大，可能是企业购置大量设备和工具等不动产的结果。三家公司在 2008 年均购置了大量的不动产，配置完善了公司的各项设施设备，所以在接下来的几年中，三家上市公司的可抵扣固定资产进项税与营业收入的比率均呈现逐渐下降的趋势，且都远低于 2008 年的比值。尽管由于公司发展的需要，铁龙物流在 2013 年购置了大量的更新设备，使这一比率上升至 1.88%；大秦铁路在 2010 年的这一比率也因购置设备等原因上升至 1.88%。而广深铁路的这一比率，除 2008 年外，其余年份均在 0.5%~1.5%；其余两家公司则除个别年份外，其余年份的这一比率也在 0.5%~1.5%。同时，三家上市公司在 2015 年的比值十分接近，均在 1.0 左右。总体来看，在铁路运输业中，固定资产对"营改增"后税负的影响不大，且基本保持在 0.5%~1.5%。

## 二、道路运输业

在证监会 2012 年版行业分类中，道路运输业包括 35 家上市公司，除去不符合本节研究需求的样本外，仍有十几个研究样本。由于样本量过大，整体计算量偏多，且又局限于文章篇幅，故本节抽取其中的 6 家上市公司作为样本进行研究。这 6 家上市公司分别为楚天高速、粤赣高速、五洲交通、宁沪高速、江西长运和交运股份。由式（5-5）计算出 6 家公司 2008~2015 年可抵扣固定资产进项税占营业收入的比率。计算结果如表 5-5 所示。

**表 5-5　道路运输业上市公司固定资产对"营改增"后税负的影响**

| 公司名称 | 年份 | 新增固定资产（元） | 可抵扣固定资产（元） | 可抵扣进项税额（元） | 可抵扣进项税占营业收入比率（%） |
|---|---|---|---|---|---|
| 楚天高速 | 2008 | 38411723.37 | 32629188.76 | 4740993.24 | 0.66 |
| | 2009 | 27635095.69 | 8338981.10 | 1211646.83 | 0.16 |
| | 2010 | 10150333.40 | 7115993.00 | 1033947.70 | 0.11 |
| | 2011 | 93265972.24 | 63830176.80 | 9274470.13 | 0.98 |
| | 2012 | 259089135.29 | 7141959.04 | 1037720.54 | 0.11 |
| | 2013 | 19416546.66 | 19215746.66 | 2792031.57 | 0.28 |
| | 2014 | 103755119.03 | 17843949.79 | 2592710.65 | 0.23 |
| | 2015 | 155994349.45 | 13795545.53 | 2004480.97 | 0.16 |
| 赣粤高速 | 2008 | 100996341.67 | 86963484.22 | 12635719.93 | 0.41 |
| | 2009 | 1239554472.09 | 123383887.24 | 17927573.36 | 0.55 |
| | 2010 | 1916577966.81 | 166806160.87 | 24236792.61 | 0.61 |
| | 2011 | 2173467420.03 | 190943349.60 | 27743905.50 | 0.68 |
| | 2012 | 5974914682.51 | 359308307.77 | 52207190.02 | 1.47 |
| | 2013 | 465505791.70 | 67625912.85 | 9825987.34 | 0.25 |
| | 2014 | 253165921.27 | 81774404.57 | 11881751.09 | 0.29 |
| | 2015 | 7297173077.12 | 496071592.85 | 72078778.45 | 1.31 |
| 五洲交通 | 2008 | 86277227.32 | 1446361.80 | 210155.13 | 0.10 |
| | 2009 | 14384134.74 | 5764682.69 | 837603.47 | 0.35 |
| | 2010 | 6673072288.84 | 27488306.53 | 3994027.44 | 1.11 |
| | 2011 | 265973689.01 | 30210056.31 | 4389495.36 | 0.19 |
| | 2012 | 69348067.88 | 16672584.44 | 2422512.27 | 0.04 |
| | 2013 | 458735453.96 | 23520309.22 | 3417480.83 | 0.06 |
| | 2014 | 647752498.25 | 232689032.14 | 33809517.49 | 1.03 |
| | 2015 | 18612413.06 | 8442069.04 | 1226625.42 | 0.06 |
| 宁沪高速 | 2008 | 112141540.00 | 37587891.00 | 5461488.44 | 0.10 |
| | 2009 | 60589513.00 | 40932480.00 | 5947454.36 | 0.10 |
| | 2010 | 72145816.00 | 62527757.00 | 9085229.65 | 0.13 |

续表

| 公司名称 | 年份 | 新增固定资产 (元) | 可抵扣固定资产 (元) | 可抵扣进项税额 (元) | 可抵扣进项税占营业收入比率 (%) |
|---|---|---|---|---|---|
| 宁沪高速 | 2011 | 112041972.00 | 90246150.00 | 13112688.46 | 0.18 |
| | 2012 | 158283912.00 | 139911146.00 | 20328969.93 | 0.26 |
| | 2013 | 162719718.00 | 132857821.00 | 19304127.84 | 0.25 |
| | 2014 | 477617081.00 | 348569052.00 | 50646785.33 | 0.64 |
| | 2015 | 198987982.00 | 121899586.00 | 17711905.66 | 0.20 |
| 江西长运 | 2008 | 399488173.65 | 295390384.25 | 42919970.36 | 4.80 |
| | 2009 | 206827467.59 | 172867281.64 | 25117468.27 | 2.53 |
| | 2010 | 447121261.50 | 358120310.85 | 52034575.08 | 4.19 |
| | 2011 | 879230606.14 | 595795441.01 | 86568568.35 | 4.52 |
| | 2012 | 613518316.86 | 491355899.17 | 71393592.19 | 3.30 |
| | 2013 | 501506905.83 | 438392397.04 | 63698040.60 | 2.60 |
| | 2014 | 632334471.69 | 497472990.16 | 72282400.28 | 2.81 |
| | 2015 | 862761687.49 | 374615139.08 | 54431259.52 | 2.22 |
| 交运股份 | 2008 | 1100262820.51 | 908411541.84 | 131991420.61 | 4.27 |
| | 2009 | 483889962.69 | 300646197.32 | 43683635.51 | 1.22 |
| | 2010 | 440337968.42 | 343758900.24 | 49947874.39 | 0.91 |
| | 2011 | 356521979.06 | 347084458.49 | 50431075.17 | 0.77 |
| | 2012 | 368835366.89 | 364362853.30 | 52941611.16 | 0.67 |
| | 2013 | 468268395.23 | 365267046.73 | 53072989.70 | 0.63 |
| | 2014 | 3610225021.76 | 2590344822.92 | 376374888.80 | 4.21 |
| | 2015 | 311403869.32 | 2019232?5.01 | 29339279.27 | 0.36 |

资料来源：根据各上市公司 2008~2015 年年报数据计算整理。

由表 5-5 的计算结果可知，除江西长运外，其余 5 家公司的这一比值在 2008~2015 年，除个别年份外，基本上都在 1.0 以下。在 2008~2015 年，江西长运这一比率均在 2% 以上，其均值为 3.37%。此外，在 2008~2015 年，交运股份这一比值的均值为 1.63%，而且 2008 年和 2014 年的数值都在 4% 以上。高速公路服务及收费业务是楚天高速、粤赣高速和宁沪高速的主营业务，所以这三家上市公司本质上应为公路运输辅助业。高速公路通行费是公路运输辅助业的主要收入。公路、安全设施、收费设施和电子设备等属于公路运输辅助业的固定资产。

需要注意的是，在公路运输辅助业的固定资产中，不动产占有较大的比重。所以，公路运输辅助业进行"营改增"改革后，可抵扣固定资产进项税与营业收入的比率一般较小。由表5-5中楚天高速、粤赣高速和宁沪高速三家上市公司的数据可知，除去粤赣高速2012年和2015年的数据外，这一比值在3家公司中从未超过1%，且宁沪高速的比值都略小于其他两家上市公司。经过查阅这两年的公司年报可知，粤赣高速在2012年和2015年的异常是由公司在这两年增加了大量的专用设备造成的。五洲交通的比率仅在2008年、2011年和2014年略微高于1%，其余年份的比率都在0.2%以下，最小值为0.04%，可抵扣固定资产进项税与营业收入的比率明显偏低。查阅五洲交通的年报可知，经营收费公路是其主营业务，所以五洲交通在一定程度上属于公路运输辅助业，而非公路运输业。由前述可知，在公路运输辅助业的固定资产中不动产占据较大的份额，而在不动产中占较大份额的是不可抵扣固定资产。虽然交运股份在此期间该比值的情况和五洲交通相类似，但其在2008年和2014年大幅度购进运输车辆等可抵扣进项税的固定资产，所以交运股份的这一比率在这两年都比较高，且显著高于其他年份。综上所述，就公路运输辅助业而言，可抵扣固定资产对"营改增"后税负的影响较不明显。

由于在证监会2012年版行业分类中，只有公路运输业，没有公路运输辅助业。而且，公路运输辅助业包含在公路运输业中。因此，通过6家上市公司的研究可知，可抵扣固定资产对"营改增"后公路运输业税负的影响相对较小。

## 三、水上运输业

在证监会2012年版行业分类中，水上运输业包括35家上市公司，除去不符合本节研究需求的样本外，仍有十几个研究样本。由于样本量过大，整体计算量偏多，且又局限于文章篇幅，故本书抽取其中的4家上市公司作为样本进行研究。这4家上市公司分别为南京港、上港集团、中远航运和亚通股份。由式(5-5)计算出4家公司2008~2015年可抵扣固定资产进项税占营业收入的比率。计算结果如表5-6所示。

表 5-6 水上运输业上市公司固定资产对"营改增"后税负的影响

| 公司名称 | 年份 | 新增固定资产（元） | 可抵扣固定资产（元） | 可抵扣进项税额（元） | 可抵扣进项税占营业收入比率（%） |
|---|---|---|---|---|---|
| 南京港 | 2008 | 15396374.00 | 13194081.00 | 1917088.69 | 1.43 |
| | 2009 | 62245636.00 | 61329772.00 | 8911163.45 | 6.50 |
| | 2010 | 4028818.00 | 3762537.00 | 546693.41 | 0.36 |
| | 2011 | 68653480.00 | 68653480.00 | 9975291.97 | 6.12 |
| | 2012 | 53655426.00 | 37881683.00 | 5504176.16 | 3.23 |
| | 2013 | 29547040.00 | 28991047.00 | 4212374.35 | 2.49 |
| | 2014 | 8264730.00 | 8264730.00 | 1200858.21 | 0.80 |
| | 2015 | 9030311.00 | 9030311.00 | 1312096.47 | 0.83 |
| 上港集团 | 2008 | 3712295005.06 | 3633614316.26 | 527961054.50 | 2.91 |
| | 2009 | 1368701541.68 | 800431693.21 | 116302040.89 | 0.70 |
| | 2010 | 1154418799.03 | 989277336.63 | 143741151.48 | 0.75 |
| | 2011 | 16403033642.45 | 15260344561.05 | 2217315021.69 | 10.18 |
| | 2012 | 3032269833.67 | 1538596018.09 | 223556686.39 | 0.79 |
| | 2013 | 1134218154.91 | 1079086577.78 | 156790357.46 | 0.56 |
| | 2014 | 3754075844.60 | 1327779346.68 | 192925204.22 | 0.67 |
| | 2015 | 3114178774.12 | 2189138512.37 | 318079954.79 | 1.08 |
| 中远航运 | 2008 | 48409898.58 | 48312198.55 | 7019721.16 | 0.10 |
| | 2009 | 450365416.17 | 450365416.17 | 65437710.04 | 1.68 |
| | 2010 | 1520792441.53 | 1520792441.53 | 220969841.93 | 5.01 |
| | 2011 | 3976726159.28 | 3976726159.28 | 577814912.03 | 11.19 |
| | 2012 | 1588002482.90 | 1586050355.01 | 230451760.98 | 3.66 |
| | 2013 | 1834610606.32 | 1332454706.56 | 193604530.01 | 2.60 |
| | 2014 | 932763139.36 | 897925736.07 | 130467841.99 | 1.70 |
| | 2015 | 484318800.00 | 472906077.77 | 68712848.91 | 1.00 |
| 亚通股份 | 2008 | 48881173.51 | 40964062.74 | 5952043.30 | 1.18 |
| | 2009 | 109020026.37 | 83010564.40 | 12061364.06 | 2.75 |
| | 2010 | 22589953.79 | 20016854.79 | 2908431.89 | 1.21 |
| | 2011 | 16210505.13 | 4089943.13 | 594265.24 | 0.22 |
| | 2012 | 18066652.38 | 16666828.17 | 2421675.89 | 0.39 |
| | 2013 | 35384584.05 | 31062776.23 | 4513394.84 | 0.97 |
| | 2014 | 8297933.76 | 8297933.76 | 1205682.68 | 0.25 |
| | 2015 | 5967164.81 | 5757164.81 | 836511.13 | 0.16 |

资料来源：根据各上市公司 2008~2015 年年报数据计算整理。

由表 5-6 的计算结果可知，在 2008~2015 年，南京港、上港集团和中远航运的可抵扣固定资产进项税与营业收入的比值均有异常值的出现。其中，南京港在 2009 年和 2011 年超过了 6%；上港集团在 2010 年突破 10%，达到 10.18%；中远航运在 2011 年突破 11%，达到 11.19%。查阅三个上市公司的年报可知，南京港和上港集团的主营业务是港口服务业务。因此，南京港和上港集团在某种程度上来说可以被认为是水上运输辅助业，该行业的固定资产包括车辆、仓库、港务设施和运输设备等。南京港和上港集团的可抵扣固定资产进项税与营业收入之比的变化趋势并不明显，这一数值在个别年份明显偏高。通过查阅两个上市公司的年报发现，在比率偏高的年份，两个公司都购置了大量的港用设备或船舶，且对固定资产的投资额较高。如果忽略这些偏高值，那么可抵扣固定资产对南京港"营改增"后税负的影响率均在 3.5% 以下，对上港集团"营改增"后税负的影响率在 1.5% 以下。这说明，可抵扣固定资产对"营改增"后水上运输辅助业税负的影响略高于公路运输辅助业。

此外，中远航运和亚通股份的主营业务均为特种船运输业务。因此，这两家上市公司的实质就是水上运输业。房屋等建筑物、库场设施、水电气供应设备、港务设施、各种船舶等都属于水上运输业的固定资产。从表 5-6 可知，可抵扣固定资产对"营改增"后水上运输业税负的影响存在较大的差异。在 2008~2015 年，中远航运在 2011 年突破 11%，达到最大值 11.19%，最小值则为 0.1%。亚通股份在 2008~2015 年这一比率的最大值为 2.75%，最小值为 0.16%。和中远航运相比，亚通股份在此期间的比率变化幅度相对较小。从两家上市公司的计算结果可知，企业增值税税负受到当年外购固定资产的影响较大。一般而言，如果企业当年外购固定资产较多，那么企业在当年可抵扣的固定资产进项税额也就更多，应纳增值税就较少；如果企业当年外购固定资产较少，那么企业在当年可抵扣的固定资产进项税额就更少，应纳增值税就较多。特殊地，如果企业当年外购固定资产过多，可能使企业面临当年进项税额抵扣不完的情况，那么企业应将未抵扣完的进项税额结转到下一个会计周期。

## 四、航空运输业

在证监会 2012 年版行业分类中，航空运输业包括 15 家上市公司。由于样本量过大，整体计算量偏多，且又局限于文章篇幅，故在除去不符合本节研究需求的样本后，抽取 5 家上市公司作为样本进行研究。这 5 家上市公司分别为白云机场、上海机场、南方航空、外运发展和中国国航。由式（5-5）计算出 5 家公司 2008~2015 年可抵扣固定资产进项税占营业收入的比率。计算结果如表 5-7 所示。

表 5-7 航空运输上市公司固定资产对"营改增"后税负的影响

| 公司名称 | 年份 | 新增固定资产（元） | 可抵扣固定资产（元） | 可抵扣进项税额（元） | 可抵扣进项税占营业收入比率（%） |
|---|---|---|---|---|---|
| 白云机场 | 2008 | 50040742.02 | 50040742.02 | 7270877.05 | 0.24 |
| | 2009 | 105234488.61 | 95286687.60 | 13845074.27 | 0.42 |
| | 2010 | 2383930735.51 | 1068239301.02 | 155214257.41 | 4.02 |
| | 2011 | 587443153.43 | 250292349.68 | 36367264.48 | 0.86 |
| | 2012 | 215859344.38 | 191096348.68 | 27766136.13 | 0.59 |
| | 2013 | 102835899.47 | 100778343.89 | 14643007.23 | 0.28 |
| | 2014 | 137077810.52 | 136173690.89 | 19785920.90 | 0.36 |
| | 2015 | 1428536229.51 | 239583292.77 | 34811247.67 | 0.62 |
| 上海机场 | 2008 | 9730667598.05 | 3728598207.92 | 541762132.77 | 16.17 |
| | 2009 | 63860019.04 | 53453836.40 | 7766796.74 | 0.23 |
| | 2010 | 365776327.59 | 204717622.48 | 29745295.57 | 0.71 |
| | 2011 | 194362719.86 | 165043631.82 | 23980698.64 | 0.52 |
| | 2012 | 45668187.81 | 39867604.07 | 5792728.80 | 0.12 |
| | 2013 | 370334963.44 | 70424144.43 | 10232567.99 | 0.20 |
| | 2014 | 193062909.11 | 106042147.97 | 15407833.47 | 0.27 |
| | 2015 | 1520433985.37 | 567890128.56 | 82513950.30 | 1.31 |
| 南方航空 | 2008 | 25690000000.00 | 22050000000.00 | 3203846153.85 | 0.57 |
| | 2009 | 83520000000.00 | 82870000000.00 | 12040940170.94 | 2.15 |
| | 2010 | 102570000000.00 | 102390000000.00 | 14877179487.18 | 1.91 |
| | 2011 | 71080000000.00 | 71040000000.00 | 10322051282.05 | 1.11 |

续表

| 公司名称 | 年份 | 新增固定资产（元） | 可抵扣固定资产（元） | 可抵扣进项税额（元） | 可抵扣进项税占营业收入比率（%） |
|---|---|---|---|---|---|
| 南方航空 | 2012 | 87600000000.00 | 86890000000.00 | 12625042735.04 | 1.24 |
| | 2013 | 154020000000.00 | 153600000000.00 | 22317948717.95 | 2.27 |
| | 2014 | 244270000000.00 | 237330000000.00 | 34483846153.85 | 3.18 |
| | 2015 | 205210000000.00 | 194920000000.00 | 28321709401.71 | 2.54 |
| 外运发展 | 2008 | 78488267.39 | 33376951.20 | 4849642.48 | 0.15 |
| | 2009 | 11424737.04 | 11062955.21 | 1607437.94 | 0.07 |
| | 2010 | 31852561.05 | 28732497.72 | 4174807.36 | 0.12 |
| | 2011 | 112604701.48 | 43278055.72 | 6288264.51 | 0.16 |
| | 2012 | 107436341.36 | 28099027.49 | 4082764.68 | 0.10 |
| | 2013 | 215334942.28 | 22594030.23 | 3282893.28 | 0.08 |
| | 2014 | 119534739.65 | 24700199.27 | 3588917.84 | 0.09 |
| | 2015 | 184480945.94 | 41901280.49 | 6088220.24 | 0.14 |
| 中国国航 | 2008 | 18875562000.00 | 17889307000.00 | 2599301017.09 | 4.91 |
| | 2009 | 10344578000.00 | 10168513000.00 | 1477476247.86 | 2.89 |
| | 2010 | 33321835000.00 | 30743804000.00 | 4467048444.44 | 5.52 |
| | 2011 | 33321835000.00 | 30743804000.00 | 4467048444.44 | 4.60 |
| | 2012 | 25577227000.00 | 25105710000.00 | 3647838205.13 | 3.65 |
| | 2013 | 21121790000.00 | 20593572000.00 | 2992228410.26 | 3.06 |
| | 2014 | 28102571000.00 | 27339798000.00 | 3972449282.05 | 3.79 |
| | 2015 | 24860678000.00 | 21790408000.00 | 3166127658.12 | 2.91 |

资料来源：根据各上市公司 2008~2015 年年报数据计算整理。

由表 5-7 的计算结果可知，除白云机场和上海机场外，其余上市公司可抵扣固定资产进项税与营业收入的比值在 2008~2015 年均未出现异常值。白云机场的该比值在 2010 年出现异常，具体数值为 4.02%，该比值在其余年份均未超过 1%。上海机场的该比值在 2008 年出现异常，高达 16.17%。此外，上海机场 2015 年的这一比值也略高于 1%，其余年份则低于 1%。查阅白云机场和上海机场的年报发现，两家上市公司的主营业务都为机场建设、施工、运营管理和与国内外航空运输有关的地面服务。因此，在某种意义上，白云机场和上海机场应划分入航空运输辅助业。该行业的固定资产主要包括停机坪、跑道、通信设备、运输设备等。从两个机场的测算结果可知，除个别年份的异常值外，可抵扣固定资产进项税与营业收入的比率均在1.5%以下。这就意味着可抵扣固定资产对"营改增"后航空运输辅助业税负的影响率低于1.5%。

在表5-7列示的另外三家上市公司的测算结果中，南方航空、外运发展和中国国航可抵扣固定资产进项税与营业收入之比的均值分别为1.87%、0.11%和3.92%。由于航空货代和快递是外运发展的主营业务，与其他两家公司相比，外运发展每年的固定资产投资都相对较小。同时，外运发展新增固定资产与营业收入之比的年均值也远低于其他两家公司，仅为2.76%。这就表明，固定资产对"营改增"后外运发展税负的影响十分有限。南方航空和中国国航的主营业务为航空运输服务。所以，飞机、运输车辆及建筑物等是两家公司的主要固定资产。南方航空新增固定资产与营业收入之比的年均值为13.2%，中国国航新增固定资产与营业收入之比的年均值为29%。所以，固定资产对"营改增"后中国国航税负的影响要比其对"营改增"后南方航空税负的影响更大。总体来说，在"营改增"后，固定资产对上述三个公司的影响要大于航空运输辅助业。同时，固定资产对"营改增"后航空运输业的影响要略高于对其他行业的影响。

## 五、装卸搬运和运输代理业

在证监会2012年版行业分类中，装卸搬运和运输代理业包括3家上市公司，除去不符合本节研究需求的样本外，仅剩澳洋顺昌一家上市公司的数据。因此，由式（5-5）计算出澳洋顺昌2008~2015年可抵扣固定资产进项税占营业收入的比率。计算结果如表5-8所示。

表5-8 装卸搬运和运输代理业上市公司固定资产对"营改增"后税负的影响

| 公司名称 | 年份 | 新增固定资产（元） | 可抵扣固定资产（元） | 可抵扣进项税额（元） | 可抵扣进项税占营业收入比率（%） |
|---|---|---|---|---|---|
| 澳洋顺昌 | 2008 | 17172239.77 | 12701813.70 | 1845562.67 | 0.25 |
| | 2009 | 14583917.84 | 2017973.24 | 293209.79 | 0.04 |
| | 2010 | 44687718.85 | 28233413.46 | 4102290.84 | 0.35 |
| | 2011 | 53358206.21 | 24610057.06 | 3575820.26 | 0.20 |

续表

| 公司名称 | 年份 | 新增固定资产<br>（元） | 可抵扣固定资产<br>（元） | 可抵扣进项税额<br>（元） | 可抵扣进项税占营<br>业收入比率（%） |
|---|---|---|---|---|---|
| 澳洋顺昌 | 2012 | 143488486.31 | 44811152.00 | 6511022.09 | 0.39 |
| | 2013 | 151373991.53 | 127012065.31 | 18454744.53 | 1.32 |
| | 2014 | 391425983.36 | 358896831.53 | 52147402.87 | 3.44 |
| | 2015 | 71862302.87 | 61555702.44 | 8943990.95 | 0.56 |

资料来源：根据各上市公司 2008~2015 年年报数据计算整理。

从表 5-8 可知，2014 年的可抵扣固定资产进项税与营业收入之比为 3.44%，是一个异常值。除去这一个异常值后，澳洋顺昌的这一比率每年均在 1.5% 以下。而且，固定资产对"营改增"后澳洋顺昌税负的平均影响率为 0.82%。这表明固定资产对"营改增"后装卸搬运和运输代理业税负的影响相对不大。

## 六、仓储业

在证监会 2012 年版行业分类中，仓储业包括 9 家上市公司。由于样本量过大，整体计算量偏多，且又局限于文章篇幅，在除去不符合本节研究需求的样本后，抽取 3 家上市公司作为样本进行研究。这 3 家上市公司分别为深基地 B、中储股份和保税科技。由式（5-5）计算出 3 家公司 2008~2015 年可抵扣固定资产进项税占营业收入的比率。计算结果如表 5-9 所示。

表 5-9　仓储业上市公司固定资产对"营改增"后税负的影响

| 公司名称 | 年份 | 新增固定资产<br>（元） | 可抵扣固定资产<br>（元） | 可抵扣进项税额<br>（元） | 可抵扣进项税占营<br>业收入比率（%） |
|---|---|---|---|---|---|
| 深基地 B | 2008 | 10886735.70 | 8705531.30 | 1264906.26 | 0.45 |
| | 2009 | 216270878.78 | 28211438.17 | 4099097.85 | 1.23 |
| | 2010 | 101619728.36 | 65262723.58 | 9482617.96 | 2.37 |
| | 2011 | 68047188.00 | 21266849.47 | 3090055.05 | 0.67 |
| | 2012 | 168776635.73 | 75370971.02 | 10951337.67 | 1.89 |
| | 2013 | 12995734.87 | 6365983.78 | 924972.00 | 0.13 |
| | 2014 | 302098834.96 | 32966051.69 | 4789939.13 | 0.67 |
| | 2015 | 122577611.22 | 13516777.50 | 1963976.22 | 0.30 |

| 公司名称 | 年份 | 新增固定资产<br>(元) | 可抵扣固定资产<br>(元) | 可抵扣进项税额<br>(元) | 可抵扣进项税占营<br>业收入比率(%) |
|---|---|---|---|---|---|
| 中储股份 | 2008 | 330124154.56 | 93895311.59 | 13642908.52 | 0.08 |
| | 2009 | 318774909.30 | 120693367.74 | 17536643.18 | 0.13 |
| | 2010 | 236846025.42 | 85261878.00 | 12388478.00 | 0.07 |
| | 2011 | 258305554.53 | 69405734.34 | 10084593.88 | 0.04 |
| | 2012 | 268440412.86 | 68132764.51 | 9899632.45 | 0.04 |
| | 2013 | 126425005.63 | 50884699.65 | 7393503.37 | 0.03 |
| | 2014 | 473821010.35 | 97755498.98 | 14203790.45 | 0.07 |
| | 2015 | 140946193.62 | 32638063.56 | 4742282.74 | 0.03 |
| 保税科技 | 2008 | 13222179.61 | 2034306.00 | 295582.92 | 0.26 |
| | 2009 | 32320532.75 | 2391660.00 | 347506.15 | 0.14 |
| | 2010 | 119983737.62 | 18836242.22 | 2736889.90 | 0.34 |
| | 2011 | 142343440.33 | 31986471.16 | 4647606.92 | 1.20 |
| | 2012 | 129081948.86 | 18391196.04 | 2672225.07 | 0.72 |
| | 2013 | 230240633.00 | 89007920.99 | 12932774.84 | 3.29 |
| | 2014 | 252058456.41 | 27424694.04 | 3984784.60 | 0.53 |
| | 2015 | 121525536.86 | 21631635.42 | 3143058.14 | 0.49 |

资料来源：根据各上市公司 2008~2015 年年报数据计算整理。

由表 5-9 可知，三家上市公司的测算结果呈现基本一致的特征。除深基地 B 在 2010 年（2.37%）、2012 年（1.89%），以及保税科技在 2013 年（3.29%）的比值在 1.5% 以上外，表 5-9 中可抵扣进项税占营业收入的比率均未超过 1.5%。换句话说，仓储业的测算结果是所有行业中最小的。出现这种情况主要是因为不动产占据仓储业新增固定资产的较大份额，而仓库、货场等是仓储业的主要不动产。同时，该行业的公司往往通过外包的形式将包括揽货、订舱、仓储等在内的可抵扣进项税固定资产的主营业务外包出去，公司自身提供的大多是供应链的全程增值服务。所以，仓储业公司拥有的新增固定资产，尤其是新增不动产特别少。这就使得固定资产对"营改增"后仓储业公司税负的影响非常小，这也使仓储业成为物流业细分行业中在"营改增"后受到固定资产影响最小的行业。

# 第四节 "营改增"对物流业税负影响的测算

在第三节中重点研究了固定资产对"营改增"后物流业各细分行业税负的影响。在此基础上,本节将结合相关学者的研究成果,运用物流业上市公司的有关数据,模拟测算出"营改增"可能对物流业税负造成的影响。按照第二节中的式(5-7)~式(5-14),依次测算出"营改增"对各上市公司税负的影响。本节研究样本的选择方式与第三节相同,但由于文章篇幅的局限,本节仅在表5-10中列示了楚天高速的具体测算过程,其余上市公司的测算方式和楚天高速相同,因此省略了其他上市公司的具体测算过程,仅列示了各公司的测算结果。此外,由于本节的外购货物与营业收入之比和外购劳务与营业收入之比两个数据均取自邵瑞庆、巫珊玲、劳知雷等学者的研究成果,而在他们的研究成果中,仅有物流业中公路运输业、水路运输业、航空运输业和水路运输辅助业的相关指标数据。因此,本节对研究样本做出相应调整,只选取第三节中公路运输业、水上运输业和航空运输业的上市公司进行研究。同时,在第三节有关水上运输业的研究分析中,由4个上市公司的主营业务可以发现,南京港和上港集团实质上属于水上运输辅助业。所以,本节的研究将第三节中水上运输业的上市公司拆分成水上运输业和水上运输辅助业,其余行业研究的上市公司不变。表5-11、表5-12、表5-13、表5-14分别列示了道路运输业、水上运输业、航空运输业、水上运输辅助业上市公司的测算结果。在表5-10中,税负变动率表示的是"营改增"带来的增值税、城建税与教育附加值、企业所得税总额变动率与营业收入的比率。为与原营业税计税依据保持一致,本节在研究中选取公司当年的营业收入作为上述三种税负变动的参照量,且以百分数的形式显示。因此,测算结果可以直接与原营业税税率比较。如果测算出的税负变动率为正,表示公司的税负有所增加;如果测算出的税负变动率为负,则表示公司的税负有所降低。

表5-10 楚天高速 "营改增"后税负变动测算

| 年份 | 2008 | 2009 | 2010 | 2011 | 2012 | 2013 | 2014 | 2015 |
|---|---|---|---|---|---|---|---|---|
| 营业收入（元） | 717064077.94 | 771520495.09 | 966789372.24 | 949872247.78 | 954243368.11 | 1010872885.00 | 1130242540.61 | 1230650515.67 |
| 营业税（元） | 21511922.34 | 23145614.85 | 29003681.17 | 28496167.43 | 28627301.04 | 30326186.55 | 33907276.22 | 36911515.47 |
| 可抵扣固定资产进项税（元） | 4740993.24 | 1211646.83 | 1033947.70 | 9274470.13 | 1037720.54 | 2792031.57 | 2592710.65 | 2004480.97 |
| 外购货物进项税（元） | 23421641.71 | 25200365.16 | 31578480.90 | 31025912.67 | 31168687.65 | 33018391.60 | 36917392.25 | 40197042.83 |
| 外购劳务进项税（元） | 1719115.16 | 1849670.93 | 2317815.55 | 2277257.83 | 2287737.31 | 2423502.94 | 2709684.04 | 2950405.72 |
| 进项税总额（元） | 29881750.11 | 28261682.92 | 34930244.14 | 42577640.62 | 34494145.50 | 38233926.11 | 42219786.94 | 45151929.52 |
| 销项税（元） | 71060404.12 | 76456986.00 | 95807955.81 | 94131484.01 | 94564658.10 | 100176592.20 | 112006017.50 | 121195357.40 |
| 增值税（元） | 41178654.01 | 48195303.08 | 60877711.66 | 51553843.39 | 60070512.60 | 61942666.09 | 69786230.60 | 76804427.89 |
| 流转税变动（元） | 19666731.67 | 25049688.22 | 31874030.50 | 23057675.96 | 31443211.56 | 31616479.54 | 35878954.38 | 39884912.42 |
| 城建税及教育附加税变动（元） | 1966673.00 | 2504969.00 | 3187403.00 | 2305768.00 | 3144321.00 | 3161648.00 | 3587895.00 | 3988491.00 |
| 应纳所得税变动（元） | 19545249.00 | 20640646.00 | 25816278.00 | 26190400.00 | 25482980.00 | 27164539.00 | 30319381.00 | 32931024.00 |
| 企业所得税变动（元） | 4886312.00 | 5160162.00 | 6454070.00 | 6547600.00 | 6370745.00 | 6791135.00 | 7579845.00 | 8232756.00 |
| 应纳税额合计变动（元） | 26519717.13 | 32714818.55 | 41515503.08 | 31911043.51 | 40958277.69 | 41569262.15 | 47046695.01 | 52106159.72 |
| 税负变动率（%） | 3.70 | 4.24 | 4.29 | 3.36 | 4.29 | 4.11 | 4.16 | 4.23 |

资料来源：根据楚天高速2008~2015年年报数据计算整理。

## 一、道路运输业

### 表 5-11  道路运输业"营改增"后税负变动率

单位：%

| 年份 | 2008 | 2009 | 2010 | 2011 | 2012 | 2013 | 2014 | 2015 |
|------|------|------|------|------|------|------|------|------|
| 楚天高速 | 3.70 | 4.24 | 4.29 | 3.36 | 4.29 | 4.11 | 4.16 | 4.23 |
| 赣粤高速 | 3.97 | 3.82 | 3.75 | 3.68 | 2.83 | 4.14 | 4.10 | 3.00 |
| 五洲交通 | 4.30 | 4.03 | 3.21 | 4.20 | 4.36 | 4.35 | 3.30 | 4.35 |
| 宁沪高速 | 4.30 | 4.30 | 4.26 | 4.22 | 4.13 | 4.14 | 3.72 | 4.19 |
| 江西长运 | −0.75 | 1.69 | −0.09 | −0.44 | 0.87 | 1.62 | 1.38 | 2.03 |
| 交运股份 | −0.18 | 3.10 | 3.43 | 3.58 | 3.68 | 3.73 | −0.12 | 4.03 |

资料来源：根据各上市公司 2008~2015 年年报数据计算整理。

由表 5-11 可以看出，如果道路运输业上市公司的收支结构未受"营改增"的影响，即上市公司的收支结构在"营改增"前后保持不变，那么在"营改增"改革中，道路运输业的税负在短期内将有明显增加。其中，楚天高速的税负虽在 2011 年出现下降的趋势，且 2013 年的税负变动率略低于 2012 年，但在其余年份中，楚天高速的税负都呈现增加的态势，且与 2008 年 3.70% 的税负变动率相比，楚天高速 2015 年的税负变动率达到 4.23%。粤赣高速的税负变动率在 2008~2012 年和 2013~2015 年都呈现下降的趋势，出现这一现象的原因是其在这两个周期中，每年的新增可抵扣固定资产进项税与营业收入的比值都高于前一年。粤赣高速税负变动率从 2012 年的 2.83% 上升到 2013 年的 4.14% 的主要原因是与 2012 年相比，粤赣高速新增可抵扣固定资产进项税占营业收入的比率在 2013 年下降幅度偏大。除个别年份外，五洲交运的税负变动率都在 4.0%~4.5%。五洲交运的税负变动率在 2010 年和 2014 年出现下降的原因是公司这两年的可抵扣固定资产进项税占营业收入的比率都超过了 1%，而其余年份小于 1%。宁沪高速的税负变动率在研究期间没有发生较大幅度的变化，仅在 2014 年低于 4%，其余年份均在 4.1%~4.3%。江西长运的税负在 2008 年、2010 年和 2011 年出现轻微下降，而从 2012 年起则基本呈现上升趋势。交运股份的税负也在 2008 年和 2014 年由于新增可抵扣固定资产占营业收入的比值有较大幅度的上升而出现轻微下降。在其余年份，其税负变动率均为正数，且呈现上升的趋势，说明该公司的税负在此期间有明显的增加。综上所述，在道路运输业企业的收支结构不变的情况下，"营改增"对道路运输业税负的影响为短期内的显著增加。

## 二、水上运输业

表 5-12　水上运输业 "营改增" 后税负变动率

单位：%

| 年份 | 2008 | 2009 | 2010 | 2011 | 2012 | 2013 | 2014 | 2015 |
|------|------|------|------|------|------|------|------|------|
| 中远航运 | 2.45 | 0.76 | -2.83 | -9.47 | -1.37 | -0.24 | 0.73 | 1.48 |
| 亚通股份 | 1.29 | -0.39 | 1.26 | 2.33 | 2.14 | 1.52 | 2.29 | 2.39 |

资料来源：根据各上市公司 2008~2015 年年报数据计算整理。

由表 5-12 可以看出，如果水上运输业上市公司的收支结构未受 "营改增" 的影响，即上市公司的收支结构在 "营改增" 前后保持不变，那么在 "营改增" 改革中，水上运输业的税负在短期内将有明显的增加或先减后增。从中远航运税负变动率的测算结果可以看出，在 2010~2013 年，公司税负变动率为负，税负呈现下降的趋势，且在 2011 年有较大幅度的下降。出现上述现象的原因是中远航运每年新增可抵扣固定资产占营业收入的比值偏高。而在样本研究周期的前两年和最后两年中，中远航运的税负变动率为正，表明公司税负在这些年份中有所增加。因此，从中远航运的测算结果可以发现，"营改增" 对水上运输业税负的短期影响可能是先下降后增加。亚通股份税收变动率仅在 2009 年为负，说明公司税负在该年有所下降。但在其余年份中，其税收变动率都为正数，且在整体上由 2008 年的 1.29% 增加至 2015 年的 2.39%，表明公司税负在此期间有所增加。综上所述，在水上运输业企业的收支结构不变的情况下，"营改增" 对水上运输业税负的影响为短期内的先减后增或显著增加。

## 三、航空运输业

### 表 5-13 航空运输业"营改增"后税负变动率

单位：%

| 年份 | 2008 | 2009 | 2010 | 2011 | 2012 | 2013 | 2014 | 2015 |
|------|------|------|------|------|------|------|------|------|
| 白云机场 | 3.30 | 3.11 | −0.76 | 2.64 | 2.92 | 3.25 | 3.17 | 2.89 |
| 上海机场 | −13.82 | 3.31 | 2.79 | 3.00 | 3.43 | 3.35 | 3.27 | 2.15 |
| 南方航空 | 2.95 | 1.25 | 1.50 | 2.36 | 2.22 | 1.11 | 0.14 | 0.83 |
| 外运发展 | 3.40 | 3.48 | 3.43 | 3.38 | 3.45 | 3.47 | 3.47 | 3.41 |
| 中国国航 | −1.72 | 0.45 | −2.37 | −1.39 | −0.37 | 0.26 | −0.52 | 0.43 |

资料来源：根据各上市公司 2008~2015 年年报数据计算整理。

由表 5-13 可以看出，如果航空运输业上市公司的收支结构未受"营改增"的影响，即上市公司的收支结构在"营改增"前后保持不变，那么在"营改增"改革中，航空运输业的税负在短期内将有所增加。除中国国航外，在其余四家上市公司中，只有白云机场在 2010 年和上海机场在 2008 年的税负变动率出现负值。白云机场 2010 年的税负变动率为−0.76%，表明其税负在 2010 年有轻微下降。而上海机场 2008 年的税负变动率为−13.82%，表明其税负在 2008 年有大幅度下降。除去这两个负的税负变动率，除中国国航处的四家上市公司测算的其他结果均为正值。虽然这四家公司测算的具体结果不同，但是每家公司的税负在此期间都有所增加。而关于中国国航的测算结果，从表 5-13 可知，除 2009 年、2013 年和 2015 年外，其余年份的税负变动率均为负，表明在这些年份中，公司的税负都有轻微下降。在税负变动率为正的三个年份中，中国国航的税负有所增加，但增幅不大，远小于降幅。中国国航税负下降的主要原因是公司在相关年份新增的可抵扣固定资产过多。综上所述，在航空运输业企业的收支结构不变的情况下，"营改增"对航空运输业税负的影响为短期内的显著增加。

## 四、水上运输辅助业

**表 5-14 水上运输辅助业"营改增"后税负变动率**

单位：%

| 年份 | 2008 | 2009 | 2010 | 2011 | 2012 | 2013 | 2014 | 2015 |
|------|------|------|------|------|------|------|------|------|
| 南京港 | 3.42 | -2.03 | 4.57 | -1.62 | 1.48 | 2.28 | 4.10 | 4.07 |
| 上港集团 | 1.83 | 4.20 | 4.15 | -5.99 | 4.11 | 4.36 | 4.24 | 3.80 |

资料来源：根据各上市公司 2008~2015 年年报数据计算整理。

由表 5-14 可以看出，如果水上运输辅助业上市公司的收支结构未受"营改增"的影响，即上市公司的收支结构在"营改增"前后保持不变，那么在"营改增"改革中，水上运输辅助业的税负在短期内将有明显的增加。南京港的税负变动率仅在 2009 年和 2011 年出现负值，说明公司这两年的税负有轻微下降。但其税负变动率在其余年份均为正，且整体呈现上升的趋势，表明公司的税负有所增加，且呈现逐年递增的趋势。上港集团的税负变动率在 2011 年出现负值，为-5.99%，表明公司的税负在该年有较大幅度的下降。除此之外，上港集团的税负变动率均为正，且基本都在 4%以上，表明公司的税负有较大幅度的增加。综上所述，在水上运输辅助业企业的收支结构不变的情况下，"营改增"对水上运输辅助业税负的影响为短期内显著增加。

由表 5-11~表 5-14 的分析结果可知，在企业收支结构不变的情况下，"营改增"对道路运输业、航空运输业和水上运输辅助业税负的影响为短期内的显著增加，对水上运输业税负的影响可能是短期内的先减后增。

# 第五节 本章小结

为探索"营改增"政策的实施对物流业上市公司税负的影响，本章首先分析了"营改增"改革对物流企业税负的理论影响。其次，通过测算公司税负的相关指标，找出影响物流企业税负变动的主要因素。最后，通过对这些因素的分析，得出"营改增"改革对企业税负产生的具体影响。证监会 2012 年版行业分类将物流业划分为八个细分行业，所以本章分别运用各细分行业的上市公司数据，探究"营改增"改革对物流业各细分行业的具体影响。

在具体的实证分析中，本章先分析了可抵扣固定资产对"营改增"后各细分行业上市公司税负的影响，并得出以下结论：第一，在铁路运输业中，固定资产对"营改增"后企业税负的影响不大，且基本保持在 0.5%~1.5%；第二，在道路运输业中，可抵扣固定资产对"营改增"后企业税负的影响相对较小；第三，可抵扣固定资产对"营改增"后水上运输辅助业企业税负的影响略高于公路运输辅助业企业，而对"营改增"后水上运输业企业税负的影响则相对较大；第四，可抵扣固定资产对"营改增"后航空运输辅助业企业税负的影响率低于 1.5%，而对"营改增"后航空运输业企业的影响要略高于航空运输辅助业和其他细分行业；第五，在装卸搬运和运输代理业中，固定资产对"营改增"后企业税负的影响相对不大；第六，在仓储业中，固定资产对"营改增"后企业税负的影响非常小，同时该行业也是在"营改增"后受到固定资产影响最小的行业。

接下来，依据相关学者的研究成果，本章对部分细分行业上市公司在"营改增"后税负的变动进行了测算，以探究"营改增"改革对这些细分行业税负的具体影响。通过相关的测算及对测算结果的分析，得出以下结论：第一，在道路运输业企业的收支结构不变的情况下，"营改增"对道路运输业税负的影响为短期内的显著增加；第二，在水上运输业企业的收支结构不变的情况下，"营改增"对水上运输业税负的影响为短期内的先减后增或显著增加；第三，在航空运输业企业的收支结构不变的情况下，"营改增"对航空运输业税负的影响为短期内的显著增加；第四，在水上运输辅助业企业的收支结构不变的情况下，"营改增"对水上运输辅助业税负的影响为短期内显著增加。

# 第六章 "营改增"对物流业上市公司 财务绩效影响的实证研究

物流业"营改增"的改革试点及推广实施，推动了行业流转税纳税情况的变化。对于物流业上市公司而言，在"营改增"之前，主要缴纳的流转税为营业税，在"营改增"之后，增值税是其主要缴纳的流转税。"营改增"前后的这种变化，不仅改变了上市公司主要缴纳的流转税，还在一定程度上影响着上市公司的财务绩效。"营改增"对上市公司财务绩效的影响直接反映在公司的财务报表中，对物流公司财务绩效的影响具体表现为：首先，经营业绩的下降。因为"营改增"后，营业收入不再包括增值税，所以公司的营业收入有所下降。如果一个物流公司每年的营业收入以恒定的增长率增长，那么在"营改增"改革后，即使仍保持同一增长率，公司财务报表中的营业收入却是一个相对较低的值。其次，营业税金及附加额的减少。公司财务报表中的营业税金及附加额将减少，即从公司的财务报表来看，公司的成本将下降，出现这一现象是由于公司财务报表中的利润表不再包含增值税。换句话说，公司的实际成本并未降低。最后，由增值税的变化引起的现金流的变化并不会单独列示在公司财务报表的现金流量表中，增值税的进项能引起现金的流入，增值税的销项能引起现金的流出。

在直观地分析"营改增"对物流公司财务绩效的影响后，为更进一步地探究这种影响的深层含义，本章运用财务指标分析法，对 6 家物流业上市公司 2008~2015 年的财务绩效进行分析。

# 第一节　物流公司财务绩效评价体系介绍

正确识别评价体系的关键因素是构建物流公司财务绩效评价体系的重要基础和首要前提。关键因素的识别和确认不仅影响评价体系指标的选择，还对评价体系的整体效果产生直接且深远的影响。因此，在构建物流公司财务绩效评价体系之前，必须正确识别影响公司财务绩效的关键因素，这些因素可以依据是否属于公司自身因素而分为内部因素和外部因素两类。其中，与公司自身相关的因素为内部因素，具体包括公司的经营战略、企业文化、竞争力、生命周期等；与公司外部环境有关的因素为外部因素，具体包括行业状况、国家政策、法律环境等。虽然在证监会 2012 年版行业分类中，物流业包括 8 个细分行业，但是本文依据物流业的产业特点来统一设置物流业企业的财务绩效评价体系，只在对各个细分行业的研究结果进行分析时，分行业讨论。此外，盈利水平能直观地反映公司获利能力的高低，公司的运营水平则可以由生产经营的能力直接体现，偿债能力是预估公司未来发展水平的一个重要指标，发展能力则能直接展现公司的现有发展水平且能对公司未来发展进行有效的预估。所以，结合物流业发展的特点，本文分别从盈利、运营、偿债和发展四个角度对物流公司的财务绩效进行评价。换句话说，本文通过分析研究物流公司的盈利、运营、偿债和发展能力，从而对物流公司的财务绩效进行客观的评价。

1. 盈利能力

盈利能力指的是在一段时间内，物流公司获取利润的能力。一般地，如果物流公司某年的利润率较高，那么表示公司当年的盈利能力较强，即盈利能力和公司利润率之间存在正向关系。因此，本文选用净资产收益率、总资产净利润率、营业净利率和成本费用利润率四个指标来测度物流公司的盈利能力。四个指标的具体计算公式依次为：

$$净资产收益率 = \frac{净利润}{股东权益平均余额} \qquad (6-1)$$

其中，股东权益平均余额 $= \dfrac{股东权益期末余额 + 股东权益期初余额}{2}$

$$总资产净利润率 = \frac{净利润}{总资产平均余额} \qquad (6-2)$$

其中，总资产平均余额 $= \dfrac{资产合计期末余额 + 资产合计期初余额}{2}$

$$营业净利润 = \frac{净利润}{营业收入} \qquad (6-3)$$

$$成本费用利润率 = \frac{利润总额}{成本费用总额} \qquad (6-4)$$

其中，成本费用总额 = 营业成本 + 销售费用 + 管理费用 + 财务费用

2. 营运能力

物流公司在生产经营过程中资金的周转速度就是公司的营运能力。一般地，如果物流公司的资金周转速度越快，那么公司的资金使用率就越高，表明公司具有较强的营运能力。同时，公司具有较高的资金使用率也在一定程度上说明其拥有较高的资金运作和管理水平。因此，本文选用总资产周转率、流动资产周转率、存货周转率和应收账款周转率四个指标来测度物流公司的营运能力。四个指标的具体计算公式依次为：

$$总资产周转率 = \frac{营业收入}{平均资产总额} \qquad (6-5)$$

其中，平均资产总额 $= \dfrac{资产合计期末余额 + 资产合计期初余额}{2}$

$$流动资产周转率 = \frac{营业收入}{流动资产平均占用额} \qquad (6-6)$$

其中，流动资产平均占用额 $= \dfrac{流动资产期末余额 + 流动资产期初余额}{2}$

$$存货周转率 = \frac{营业成本}{存货平均占用额} \qquad (6-7)$$

其中，存货平均占用额 $= \dfrac{存货期末余额 + 存货期初余额}{2}$

$$应收账款周转率 = \frac{营业收入}{应收账款平均占用额} \tag{6-8}$$

其中，应收账款平均占用额 $= \dfrac{应收账款期末余额 + 应收账款期初余额}{2}$

3. 偿债能力

偿债能力指的是公司在偿还期内偿还债务的能力，即公司按时偿还债务的能力。由于公司债务一般包括短期和长期两种，所以公司的偿债能力也分为短期偿债能力和长期偿债能力两种。短期偿债能力是衡量公司在短期内偿还债务的能力，长期偿债能力是衡量公司在长期中偿还债务的能力。公司的长短期债务是依据债务是否需要在一个经营周期内偿还来划分的，短期债务需要在公司的一个经营周期内偿还，而长期债务的偿还期则超过公司的一个经营周期。因此，为了分别测度公司长短期的偿债能力，本文选取流动比率和速动比率来对公司的短期偿债能力进行衡量，选取资产负债率和产权比率来衡量公司的长期负债率。四个指标的具体计算公式分别为：

$$资产负债率 = \frac{负债总额}{资产总额} \tag{6-9}$$

$$产权比率 = \frac{负债总额}{所有者权益总额} \tag{6-10}$$

$$流动比率 = \frac{流动资产}{流动负债} \tag{6-11}$$

$$速动比率 = \frac{速动资产}{流动负债} \tag{6-12}$$

其中，速动资产 = 流动资产 − 存货

4. 发展能力

发展能力指的是公司通过经营活动积累的资金，形成的公司投资及发展的能力。许多投资者都是依据公司的发展能力来决定自我的投资意愿，因此发展能力是公司未来获得良好发展的一个重要指标。投资者是否愿意为公司投资，取决于公司发展能力的高低，所以对公司发展能力进行分析和评价是极具现实意义的。本文选用营业收入增长率、净利润增长率、总资产增长率和资本积累率四个指标来测度物流公司的发展能力。四个指标的具体计算公式依次为：

$$营业收入增长率 = \frac{营业收入本年本期金额 - 营业收入上年同期金额}{营业收入上年同期金额} \quad (6\text{-}13)$$

$$净利润增长率 = \frac{净利润本年本期金额 - 净利润上年同期金额}{净利润上年同期金额} \quad (6\text{-}14)$$

$$总资产增长率 = \frac{资产总计本期期末值 - 资产总计上年同期期末值}{资产总计上年同期期末值} \quad (6\text{-}15)$$

$$资本积累率 = \frac{所有者权益合计本期期末值 - 所有者权益合计上年同期期末值}{所有者权益合计上年同期期末值}$$

$$(6\text{-}16)$$

综上所述，本研究的物流公司财务绩效评价指标体系就已形成。在该评价体系中，物流公司财务绩效是目标层，盈利能力、营运能力、偿债能力和发展能力为准则层，包括净资产收益率、总资产周转率、资产负债率、营业收入周转率等16个指标是指标层。物流公司财务绩效评价体系的具体内容如表6-1所示。

表 6-1 物流公司财务绩效评价指标体系

| 目标层 | 准则层 | 指标层 | |
|---|---|---|---|
| 物流公司财务绩效 | 盈利能力 $B_1$ | 净资产收益率 | $X_{11}$ |
| | | 总资产净利润率 | $X_{12}$ |
| | | 营业净利率 | $X_{13}$ |
| | | 成本费用利润率 | $X_{14}$ |
| | 营运能力 $B_2$ | 总资产周转率 | $X_{21}$ |
| | | 流动资产周转率 | $X_{22}$ |
| | | 存货周转率 | $X_{23}$ |
| | | 应收账款周转率 | $X_{24}$ |
| | 偿债能力 $B_3$ | 资产负债率 | $X_{31}$ |
| | | 产权比率 | $X_{32}$ |
| | | 流动比率 | $X_{33}$ |
| | | 速动比率 | $X_{34}$ |
| | 发展能力 $B_4$ | 营业收入增长率 | $X_{41}$ |
| | | 净利润增长率 | $X_{42}$ |
| | | 总资产增长率 | $X_{43}$ |
| | | 资本积累率 | $X_{44}$ |

# 第二节　样本的选取与数据的取得

本节研究样本的选择方式和第五章第三节相同，但考虑到计算所有符合条件的上市公司数据的计算量过大且总体篇幅过长，会显得文章长篇累牍，所以本节缩减了研究样本个数。同时，本节研究所选用的样本公司是基于第五章第三节的样本范围，随机选取的。因此，本节研究的细分行业包括：铁路运输业、道路运输业、水上运输业、航空运输业、装卸搬运和运输代理业以及仓储业。在对物流业各细分行业上市公司的财务绩效进行研究时，本文仅在符合研究需求的样本中，共选取了6家上市公司的数据，来测算"营改增"对其财务绩效的影响，从而得出"营改增"对各细分行业企业财务绩效的影响。在综合考虑相关数据的计算量、本节内容的篇幅及排版美观性等问题后，本节只在每个细分行业中选取了1家上市公司的数据进行具体的分析和研究。

本节研究运用的上市公司的数据来自于深圳证券交易所和上海证券交易所中各上市公司2008~2015年的年报，并通过对各上市公司年报数据的归纳和汇总，整理出研究所需数据。

# 第三节　物流业分行业上市公司财务指标分析

## 一、铁路运输业上市公司财务指标分析

在探究可抵扣固定资产对"营改增"后铁路运输业税负影响的实证研究中，本章选取了铁龙物流、大秦铁路和广深铁路三家上市公司的数据进行研究。由于计算量过大且受文章篇幅的局限，所以本节的研究仅选取铁路物流一家上市公司

2008~2015 年的相关数据，通过计算得到公司的财务指标数据，从而形成对公司财务绩效的评价表，具体结果如表 6-2 所示。

表 6-2　2008~2015 年铁龙物流的财务绩效评价

| 指标层 | 年份 | 2008 | 2009 | 2010 | 2011 | 2012 | 2013 | 2014 | 2015 |
|---|---|---|---|---|---|---|---|---|---|
| 盈利能力 | $X_{11}$ | 0.128082 | 0.134775 | 0.160143 | 0.146574 | 0.119158 | 0.100057 | 0.075326 | 0.058486 |
| | $X_{12}$ | 0.106804 | 0.12238 | 0.145123 | 0.132451 | 0.104345 | 0.083043 | 0.056374 | 0.039324 |
| | $X_{13}$ | 0.194003 | 0.223367 | 0.218164 | 0.173483 | 0.112445 | 0.098416 | 0.057738 | 0.044404 |
| | $X_{14}$ | 0.361652 | 0.450431 | 0.395134 | 0.281433 | 0.169628 | 0.146255 | 0.081388 | 0.062753 |
| 营运能力 | $X_{21}$ | 0.550529 | 0.54789 | 0.665202 | 0.763481 | 0.927966 | 0.843794 | 0.976384 | 0.885583 |
| | $X_{22}$ | 1.160465 | 1.20844 | 1.265508 | 1.325408 | 1.528343 | 1.392062 | 1.628795 | 1.466084 |
| | $X_{23}$ | 2.210336 | 2.322129 | 1.72439 | 1.623956 | 2.202162 | 1.999906 | 2.511853 | 2.472709 |
| | $X_{24}$ | 17.717 | 17.051097 | 31.163298 | 38.285633 | 69.756681 | 42.372844 | 49.323642 | 77.637674 |
| 偿债能力 | $X_{31}$ | 0.074486 | 0.107056 | 0.088642 | 0.102912 | 0.142827 | 0.194036 | 0.297889 | 0.354031 |
| | $X_{32}$ | 0.080481 | 0.119891 | 0.097264 | 0.114718 | 0.166626 | 0.24075 | 0.424277 | 0.548062 |
| | $X_{33}$ | 5.958355 | 5.182329 | 10.296252 | 7.853609 | 5.134292 | 3.374478 | 3.625988 | 2.415863 |
| | $X_{34}$ | 3.803153 | 3.638394 | 3.841623 | 3.343149 | 2.152268 | 1.370337 | 1.523431 | 1.179697 |
| 发展能力 | $X_{41}$ | −0.036212 | 0.029053 | 0.394857 | 0.329971 | 0.415353 | 0.040494 | 0.379633 | 0.069487 |
| | $X_{42}$ | 0.046602 | 0.184805 | 0.362368 | 0.057589 | −0.082624 | −0.089321 | −0.190608 | −0.177494 |
| | $X_{43}$ | −0.080522 | 0.158573 | 0.140488 | 0.174801 | 0.155691 | 0.134423 | 0.243286 | 0.127553 |
| | $X_{44}$ | 0.135227 | 0.117802 | 0.164006 | 0.156406 | 0.104269 | 0.066651 | 0.083081 | 0.037392 |

由表 6-2 可以看出，2008~2015 年，铁龙物流盈利能力中各指标的变化趋势均为：2008~2010 年呈现出逐渐上升的趋势，2011~2015 年呈现出逐渐下降的趋势。此外，各个指标在 2011 年的数值均低于 2010 年的数值且 2012 年的下降幅度最大。铁龙物流盈利能力的各指标在 2011 年由增势转为降势，说明公司的资产经营缺乏效率，并且没有控制好公司的经营成本。过高的劳动力成本、车辆等运输设备价格的上升、投资收益的下降等都会导致公司的净利润下降。2012 年，"营改增"改革试点的实施，使得铁路物流的利润总额、营业税金及附加都有所减少，营业收入有所提升，但由于公司经营不完善、战略调整不及时等诸多原因，促使公司成本费用的下降幅度少于利润总额，净利润的增幅小于营业收入，

所以 2012 年铁龙物流的盈利能力显著低于 2011 年。受上述因素的影响，自 2012 年后，铁龙物流的盈利能力呈现出逐渐下降的趋势。

关于铁龙物流的营运能力，从表 6-2 可以看出，公司总资产周转率虽然在 2009 年、2013 年和 2015 年有轻微的下降，但在其余年份则呈现出逐年递增的趋势。在 2012 年 "营改增" 改革试点实施后，公司总资产周转率当年的指标值有所上升，此后在一个相对稳定的范围内波动。"营改增" 改革虽然会在一定程度上降低公司的营业收入，但由于公司营业收入和总资产的变动幅度相近，所以尽管相对于 2012 年之前，公司的总资产周转率有所提升，但是 "营改增" 对公司总资产周转率的影响相对较小。流动资产周转率在 2013 年和 2015 年出现下降，其余年份则呈现上升趋势，表明铁路物流的资产利用率在这些年份中越来越高。虽然公司的流动资产周转率在 2013 年和 2015 年有所下降，但就总体而言，波动幅度不大，因此 "营改增" 的实施并没有影响到流动资产周转率。存货周转率除 2009 年、2012 年和 2014 年出现上升外，其余年份均呈现出逐渐下降的趋势。这可能是由于公司不断增大的营业规模，也可能是受 "营改增" 政策的影响。从公司 2013 年的年报可知，公司该年存货的增速大于营业规模的增速，所以与 2012 年相比，公司 2013 年的存货周转率出现下降。存货周转率的变化属于正常范围，因此 "营改增" 的实施并没有影响到存货周转率。2009 年和 2013 年应收账款周转率出现下降，其余年份则呈现出上升的趋势。出现这一现象主要是由于公司年末应收账款余额的增加，这又是由于公司应收账款的管理缺失所造成的。此外，"营改增" 的实施也在一定程度上影响着公司的应收账款周转率，公司税负的增加，会降低应收账款周转率。

铁龙物流的偿债能力包括短期偿债能力和长期偿债能力两种。流动比率和速动比率是用来衡量公司短期偿债能力的指标，从表 6-2 可以看出，流动比率 2010 年出现奇高值，其余年份则呈现出逐年下降的趋势，但其数值均高于 2。一般认为，短期偿债能力较好的公司，其流动比率大约为 2，因此铁龙物流的短期偿债能力呈现出上升的趋势。"营改增" 后，公司流动比率出现了快速下降的趋势，即公司短期偿债能力得到了迅速的提升，这就表明 "营改增" 的实施增强了铁龙物流的短期偿债能力。速动比率除 2010 年和 2014 年有轻微的上升外，其余年份均呈现出下降的趋势且2015年降至1.18。一般认为，如果一家公司的速动比率低于1，那么该公司具有较差的短期偿债能力，因此从铁龙物流的速动比率来看，该公司具有较强的短期偿债能力。资产负载率和产权比率是用来衡量公司长期偿债能力的指标。从表6-2可以看出，公司资产负债率除2010年有所下降外，其余年份均呈现出上升的趋势，2015年的资产负债率达到35.40%。一般认为40%~60%是资产负债率的适宜范围，铁龙物流长久以来都低于这一标准，说明其较难以负债的形式取得资产，拥有较差的外部资金运用能力。"营改增"的实施促使公司资产负债率有大幅度的提升，因此对公司的资产负债有较大的影响。产权比率与公司的偿债能力之间存在正向关系，如果一家公司的产权比率较低，那么该公司就具有较差的偿债能力。"营改增"后，铁龙物流的产权比率出现快速增长的情况，从2011年的11.47%上升到2015年的54.81%，表明公司的偿债能力在不断地增强，这也说明"营改增"的实施对铁龙物流的产权比率有较大的影响。

关于发展能力，从表6-2可以看出，铁龙物流2008年受到金融危机的影响，使得当年的营业收入增长率为负数。此后，营业收入增长率呈现出上升的趋势，营业收入虽然2013年和2015年出现大幅度的下降，但2014年又回到原有的水平。因此，"营改增"对公司营业收入增长率不存在影响，或者影响可能存在滞后效应。净利润增长率从2012年开始出现负值且此后保持递减的趋势，这是由于受"营改增"政策的影响，公司纳税情况发生变化，使得公司净利润的相对增加值呈现出明显的下降趋势，说明公司的发展能力较差，具有较低的发展潜力。从表6-2可知，公司总资产增长率的变动相对平稳，"营改增"对其的影响不明显。公司正处于调整经营规模的阶段，2012~2015年的指标值，无法判断出公司发展能力的高低。公司的资本积累率从总体来看，呈现出下降的趋势，并且从2012年开始，下降幅度偏大，说明公司的资本积累正在逐渐减少，具有较差的发展能力。因此，"营改增"对公司的资本积累率有一定的影响。

综上所述，"营改增"的实施在一定程度上降低了铁龙物流的盈利能力、长期偿债能力和发展能力，加强了公司的短期偿债能力，而对公司的营运能力没有影响。总的来说，"营改增"对铁龙物流各项指标的影响不是很大，说明其对公司财务绩效的影响十分有限。

## 二、道路运输业上市公司财务指标分析

在可抵扣固定资产对"营改增"后道路运输业税负影响的实证研究中，本节选取了楚天高速、粤赣高速、五洲交通、宁沪高速、江西长运和交运股份 6 家上市公司的数据进行研究。由于计算量过大且受文章篇幅的局限，所以本节的研究仅选取粤赣高速 1 家上市公司 2008~2015 年的相关数据，通过计算得到公司的财务指标数据，从而形成对公司财务绩效的评价表，具体结果如表 6-3 所示。

表 6-3    2008~2015 年粤赣高速的财务绩效评价

| 指标层 | 年份 | 2008 | 2009 | 2010 | 2011 | 2012 | 2013 | 2014 | 2015 |
|---|---|---|---|---|---|---|---|---|---|
| 盈利能力 | $X_{11}$ | 0.164179 | 0.156449 | 0.139926 | 0.115619 | 0.103319 | 0.041028 | 0.041632 | 0.042009 |
| | $X_{12}$ | 0.099791 | 0.099356 | 0.08126 | 0.057448 | 0.050384 | 0.020118 | 0.019427 | 0.01941 |
| | $X_{13}$ | 0.385955 | 0.410621 | 0.340148 | 0.291332 | 0.34442 | 0.13817 | 0.140305 | 0.10916 |
| | $X_{14}$ | 0.836644 | 0.96882 | 0.691464 | 0.600595 | 0.7559 | 0.295501 | 0.28355 | 0.206939 |
| 经营能力 | $X_{21}$ | 0.258555 | 0.241966 | 0.238896 | 0.197192 | 0.146287 | 0.145603 | 0.138463 | 0.177816 |
| | $X_{22}$ | 2.546245 | 2.710034 | 1.885575 | 1.034148 | 0.701663 | 0.762899 | 0.779699 | 1.225113 |
| | $X_{23}$ | 4.586618 | 8.592449 | 18.305637 | 16.636368 | 11.102891 | 8.394435 | 4.599367 | 6.082878 |
| | $X_{24}$ | 19.897102 | 17.174626 | 16.695017 | 13.829151 | 11.567486 | 11.225868 | 9.045135 | 16.470334 |
| 偿债能力 | $X_{31}$ | 0.366391 | 0.363719 | 0.463224 | 0.535359 | 0.49169 | 0.52603 | 0.540054 | 0.535842 |
| | $X_{32}$ | 0.578261 | 0.571633 | 0.862973 | 1.152201 | 0.967303 | 1.109839 | 1.174166 | 1.154441 |
| | $X_{33}$ | 0.505701 | 0.348139 | 0.445225 | 0.552096 | 0.678065 | 0.773388 | 1.005844 | 0.763133 |
| | $X_{34}$ | 0.418391 | 0.31547 | 0.429684 | 0.535199 | 0.658045 | 0.718295 | 0.880723 | 0.637649 |
| 发展能力 | $X_{41}$ | 0.250223 | 0.053918 | 0.223091 | 0.031035 | -0.132502 | 0.099965 | 0.042727 | 0.348264 |
| | $X_{42}$ | 0.002104 | 0.121272 | 0.013177 | -0.116932 | 0.02558 | -0.558729 | 0.058838 | 0.048975 |
| | $X_{43}$ | 0.048705 | 0.208868 | 0.263581 | 0.237613 | 0.114237 | 0.096956 | 0.096074 | 0.007725 |
| | $X_{44}$ | 0.140513 | 0.213965 | 0.065976 | 0.071294 | 0.21896 | 0.022848 | 0.063644 | 0.016952 |

由表 6-3 可以看出，2008~2015 年，粤赣高速盈利能力中各指标的总体变化均呈现下降的趋势，2013 年的降幅最大。"营改增"实施后，粤赣高速的营业收入和营业税金及附加虽然呈现逐渐上升的态势，但公司 2013 年的利润总额仅为

2012 年的一半且下降幅度偏大，即使公司的利润总额在 2014 年开始有所回升，但仍不及"营改增"之前的水平。与此同时，公司的营业税也呈现出逐渐上升的趋势。此外，由于公司管理不善等原因，公司的成本费用不降反升，因此造成公司净利润的增幅远小于营业收入且呈现出逐年下降的趋势，所以可以从表 6-3 发现，粤赣高速 2013 年的盈利能力显著低于 2011 年。因此，"营改增"的实施对粤赣高速的盈利能力可能存在滞后的影响，具体表现为降低了公司的盈利能力。

关于营运能力，从表 6-3 可以看出，公司的总资产周转率呈现出逐渐下降的趋势，2012 年和 2013 年的水平值相近，并且 2012 年后的波动幅度不大，2015 年则出现较大幅度的上升。"营改增"后，公司的营业收入虽然略有增加，但公司总资产的增幅与其相似，因此虽然 2012 年之前，总资产周转率呈现出明显的下降趋势，但 2012 年之后，总资产周转率的变动幅度不大，并且 2015 年有较明显的上升。这表明即使影响的效果不太明显，但是"营改增"的实施仍在一定程度上提升了公司的总资产周转率。公司流动资产周转率的变化分为两个阶段：第一阶段为 2012 年之前，呈现下降的趋势；第二阶段为 2012 年之后，呈现上升的趋势。"营改增"后，公司流动资产周转率 2013 年提升了 6%，2014 年的指标值与 2013 年基本保持一致，并且 2015 年出现明显的增幅。就总体而言，波动的幅度不大，因此"营改增"的实施在一定程度上提升了公司的流动资产周转率，影响的具体大小可能存在滞后效应。公司存货周转率的变化则有升，也有降，2012 年之前，存货周转率总体上呈现出上升的趋势；2012 年之后，存货周转率总体上呈现出下降的趋势，并且最后回归到 2008 年的水平，公司存货周转率的变动在很大程度上都受公司营业规模的影响，当然"营改增"的实施可能也会对存货周转率产生一定的影响，但从公司 2008~2015 年的年报可知，存货周转率的变动多数都是由于营业规模的影响。此外，存货周转率的变化属于正常范围，因此存货周转率的变动不是由"营改增"政策引起的。2014 年之前，公司应收账款周转率呈现出逐年下降的趋势，2015 年则出现大幅度的上升。此外，公司 2012 年和 2013 年的应收账款周转率几乎相同。由于公司年末应收账款余额的增加幅度远超营业收入的增幅，所以导致公司应收账款周转率出现逐渐下降的趋势，同时"营改增"政策也会影响公司的应收账款周转率，"营改增"的实施，使得公司营业税金及附加有所增加，公司税负的增加，则会降低公司的应收账款周转率。

关于偿债能力，从表6-3可以看出，除2009年和2015年外，流动比率在总体上呈现出逐年上升的趋势。"营改增"后，流动比率连续三年都呈现出稳定的增长且增幅大于"营改增"政策实施前的增幅。这表明"营改增"的实施在一定程度上提升了公司的流动比率。除2009年和2015年外，速动比率在总体上呈现出逐年上升的趋势且增幅基本保持一致。一般认为，如果一个公司的速动比率低于1，那么该公司具有较强的短期偿债能力，从表6-3中可知，粤赣高速的速动比率均在1以下，说明公司具有较强的短期偿债能力，故"营改增"的实施提升了流动比率，而对速动比率的影响较不明显，所以"营改增"的实施提升了公司的短期偿债能力。因为40%~60%是资产负债率的适宜范围，所以从表6-3可知，自2010年以后，粤赣高速的资产负债率均处于上述适宜的范围内。这说明公司能较容易地以负债的形式取得资产，拥有较好的外部资金运用能力。"营改增"实施前后，公司资产负债率的变化幅度不大，说明"营改增"对资产负债的影响不大。由表6-3可知，粤赣高速的产权比率呈现出逐年递增的趋势，"营改增"后，公司每年的产权比率均在1以上，说明"营改增"对公司产权比率有正向影响。同时，由于产权比率与公司的偿债能力之间存在正向关系，所以"营改增"的实施对粤赣高速的长期偿债能力有正向的影响。

关于发展能力，从表6-3可以看出，粤赣高速的营业收入增长率在2012年为负数，这种情况的出现可能是由于公司滞后的经营战略等因素。公司营业收入增长率虽然在此期间有升也有降，但在2015年又回到正常水平。这说明"营改增"对公司营业收入增长率不存在影响，或者影响可能存在滞后效应。净利润增长率在2011年和2013年出现负值，与2012年的净利润增长率相比，2014年和2015年的指标值有所增加。这是由于受"营改增"政策的影响，公司纳税情况发生变化，使得公司净利润的相对增加值略微上升，说明公司的发展能力在逐渐增加，具有一定的发展潜力。从表6-3可知，公司总资产增长率在2012年出现大幅度的下降，此后的水平相对稳定，但在2015年又出现大幅度的下降，与

2012 年之前的水平比，2012 年后的总资产增长率相对较低，公司的发展能力也不如"营改增"前。公司的资本积累率在 2012 年之前呈现出上升的趋势，但在 2013 年则出现大幅度的下降，尽管指标值在 2014 年有所回升，但回升幅度不大，同时 2015 年的总资产增长率又出现下降的趋势。这说明在"营改增"后，公司的资本积累正在逐渐减少，具有较差的发展能力。

综上所述，"营改增"的实施在一定程度上降低了粤赣高速的盈利能力和发展能力，加强了公司的营运能力和偿债能力。总的来说，"营改增"对粤赣高速各项指标的影响不是很大，说明其对公司财务绩效的影响十分有限。

### 三、水上运输业上市公司财务指标分析

在可抵扣固定资产对"营改增"后水上运输业税负影响的实证研究中，本节选取了南京港、上港集团、中远航运和亚通股份 4 家上市公司的数据进行研究。由于计算量过大且受文章篇幅的局限，所以本节的研究仅选取中远航运 1 家上市公司 2008~2015 年的相关数据，通过计算得到公司的财务指标数据，从而形成对公司财务绩效的评价表，具体结果如表 6-4 所示。

表 6-4　2008~2015 年中远航运的财务绩效评价

| 指标层 | 年份 | 2008 | 2009 | 2010 | 2011 | 2012 | 2013 | 2014 | 2015 |
|---|---|---|---|---|---|---|---|---|---|
| 盈利能力 | $X_{11}$ | 0.372112 | 0.027784 | 0.076243 | 0.029812 | 0.005798 | 0.004823 | 0.029844 | 0.02183 |
| | $X_{12}$ | 0.241154 | 0.016766 | 0.038575 | 0.014371 | 0.00279 | 0.002023 | 0.011096 | 0.008132 |
| | $X_{13}$ | 0.211911 | 0.031054 | 0.076365 | 0.032345 | 0.006112 | 0.004987 | 0.025637 | 0.0213 |
| | $X_{14}$ | 0.340392 | 0.033953 | 0.104053 | 0.043276 | 0.011083 | 0.002031 | 0.028385 | 0.040121 |
| 经营能力 | $X_{21}$ | 1.137999 | 0.539904 | 0.505135 | 0.444292 | 0.456401 | 0.405755 | 0.43281 | 0.381787 |
| | $X_{22}$ | 2.970911 | 1.331519 | 1.471042 | 1.329626 | 1.353286 | 1.649154 | 2.187674 | 2.155438 |
| | $X_{23}$ | 34.486357 | 26.188867 | 28.472586 | 26.549854 | 23.48222 | 22.431347 | 23.350783 | 24.601036 |
| | $X_{24}$ | 46.263969 | 40.326625 | 44.869631 | 33.530974 | 27.811218 | 18.513203 | 17.679511 | 16.726846 |
| 偿债能力 | $X_{31}$ | 0.37525 | 0.417251 | 0.549677 | 0.49348 | 0.541868 | 0.625538 | 0.630789 | 0.624178 |
| | $X_{32}$ | 0.600639 | 0.716006 | 1.220626 | 0.974257 | 1.182777 | 1.6705 | 1.708476 | 1.660835 |
| | $X_{33}$ | 2.583913 | 1.848932 | 1.369035 | 1.690739 | 1.619516 | 0.551929 | 0.79892 | 0.558885 |
| | $X_{34}$ | 2.468077 | 1.762077 | 1.311953 | 1.603883 | 1.531171 | 0.505477 | 0.729986 | 0.520424 |

续表

| 指标层 \ 年份 | | 2008 | 2009 | 2010 | 2011 | 2012 | 2013 | 2014 | 2015 |
|---|---|---|---|---|---|---|---|---|---|
| 发展能力 | $X_{41}$ | 0.295926 | −0.434639 | 0.129483 | 0.171617 | 0.221132 | 0.180314 | 0.029793 | −0.107371 |
| | $X_{42}$ | 0.340274 | −0.917149 | 1.777495 | −0.50375 | −0.769238 | −0.037088 | 4.294458 | −0.258386 |
| | $X_{43}$ | 0.423867 | 0.028571 | 0.38092 | 0.296684 | 0.105482 | 0.207824 | 0.021124 | 0.00291 |
| | $X_{44}$ | 0.305741 | −0.040579 | 0.067117 | 0.458498 | −0.000125 | −0.012765 | 0.006806 | 0.020867 |

　　由表6-4可以看出，2008~2015年，中远航运盈利能力中的净资产收益率、总资产净利润率和营业净利率三个指标的变化均为：2009年下降，2010年回升，2011~2013年逐年下降，2014年又有所回升，2015年略微下降。成本费用率的变化趋势仅在2015年与之相反，呈现出递增的趋势，其余年份的变化都和三个指标保持一致。"营改增"后，公司营业收入虽然仍有所增加，但增幅不大，并且2015年公司的营业收入低于2014年。同时，与2011年相比，2012年公司的营业税金及附加增幅不大，但2013年却有较多的增加值，尽管2014年该指标值有略微的下降，但2015年该值与2013年相近。另外，公司2012年的利润总额仅为2011年的31.54%，2013年的利润总额则仅为2012年的22.28%，2014年以后，公司的利润总额恢复到2010年的水平。因此，"营改增"后公司的盈利能力不及"营改增"前，表明"营改增"的实施在一定程度上降低了公司的盈利能力。

　　关于营运能力，从表6-4可以看出，公司的总资产周转率除在2012年和2014年有所增加外，其余年份均呈现出逐年下降的趋势，但减幅和增幅都非常小。"营改增"的实施虽然影响了公司的营业收入和营业税金及附加等值，但是总资产周转率在正常的范围内波动，因此"营改增"的实施对公司总资产周转率没有影响，或可能存在滞后效应。公司流动资产周转率的变化分为两个阶段：第一阶段为2012年之前，总体上呈现下降的趋势；第二阶段为2012年之后，总体上呈现上升的趋势。虽然流动资产周转率的变动幅度不大，但"营改增"的实施影响了公司的营业收入，也促使公司的流动资产决策受到影响，所以"营改增"的实施提升了公司的流动资产周转率，尽管提升幅度十分有限。公司的存货周转率则在2011~2013年呈现出下降的趋势，在2014年开始呈现出逐年上升的趋势，但 2015 年的水平仍不及 2011 年。因为公司营业规模的大小对存货周转率的影响十分大,所以存货周转率的变化在一定程度上取决于公司营业规模的变动。由中远航运的年报可知,存货周转率在 2008~2015 年的变动,基本上都是由公司营业规模引起的,并且存货周转率的变化属于正常范围。因此,"营改增"的实施可能并不影响公司存货周转率,或者影响十分小且存在滞后效应。在整个研究周期中,公司应收账款周转率都呈现出下降的趋势,2011 年的下降幅度最大,其次为 2012 年,2013 年后公司应收账款周转率的下降趋势相对平稳且降幅较小。应收账款周转率的变化在很大程度上受到公司年末应收账款余额的影响,同时"营改增"政策也会影响公司的应收账款周转率。"营改增"的实施,使得公司营业税金及附加有所增加,公司税负的增加则会降低公司的应收账款周转率。

关于偿债能力,从表 6-4 可以看出,除 2010 年和 2014 年外,流动比率在总体上呈现出逐年下降的趋势。2012 年实施"营改增"政策后,公司 2013 年的流动比率下降幅度较大,此后的波动幅度则较小。这说明"营改增"的实施在一定程度上降低了公司的流动比率。对于速动比率而言,除 2010 年和 2014 年外,总体上呈现出逐年下降的趋势,2012 年实施"营改增"政策后,公司 2013 年的速动比率下降幅度较大,此后的波动幅度则较小。这说明"营改增"的实施在一定程度上降低了公司的速动比率。一般认为,如果一个公司的速动比率低于 1,那么该公司具有较强的短期偿债能力,从表 6-4 中可知,中远航运 2013 年后的速动比率均在 1 以下,说明公司具有较强的短期偿债能力。因此,"营改增"的实施促使公司的流动比率和速动比率下降,但提升了公司的短期偿债能力。由于 40%~60% 是资产负债率的适宜范围,从表 6-4 中可知,2013~2015 年,公司的资产负债率都在 60% 以上。这也就说明"营改增"后公司的资产负债率过高。2008~2012 年,除 2008 年外,公司的资产负债率均在适宜的范围内。这就表明"营改增"政策的实施提高了公司的资产负债率。由表 6-4 可知,中远航运的产权比率在整体上呈现出上升的趋势,"营改增"后,公司每年的产权比率均在 1 以上,并且在 2013 年有较大的增幅,说明"营改增"对公司产权比率有正向影响。同时,由于产权比率与公司的偿债能力之间存在正向关系,资产负债率和产权比率是衡量公司长期偿债能力的两个指标,"营改增"使得公司的两个指标都有显著的增加，但资产负债率超过了合理的范围，因此在一定程度上减弱了公司长期偿债能力，但产权比率的增加却提升了公司的长期偿债能力。因此，在这两种影响的相互作用下，"营改增"对中远航运长期偿债能力的影响是不确定的。

关于发展能力，从表6-4可以看出，中远航运的营业收入增长率2009年和2015年为负数，2010~2012年保持上升的态势，2012~2015年则呈现逐年下降的趋势且2014年的降幅最大。营业收入增长率的负值可能是由金融危机、滞后的经营战略等原因所以"营改增"的实施降低了公司的营业收入增长率，这种影响可能存在滞后效应。2009年、2011年、2012年、2013年和2015年净利率出现负值，在"营改增"实施后，公司的净利率仅在2014年为正值。这说明受"营改增"政策的影响，公司纳税情况发生变化，净利润呈现出逐年下降的趋势，说明公司的发展能力在逐渐减弱，发展潜力较差。从表6-4可知，公司总资产增长率2012年有所下降，2013年又回升到2011年的水平，但2014年和2015年有较大幅度的下降。这表明在"营改增"后，公司的总资产基本保持不变。2009年、2012年和2013年公司的资本积累率出现负值，2014年开始增加，虽然指标值在2014年开始出现正值，并且呈现出增加的趋势，但是数值不大且增幅较小。这就说明在"营改增"后，公司的资本积累在逐渐减少，具有较差的发展能力。

综上所述，"营改增"的实施在一定程度上降低了中远航运的盈利能力和发展能力，加强了公司的短期偿债能力，对公司的营运能力没有影响，对公司长期偿债能力的影响却是不确定的。总的来说，"营改增"对中远航运各项指标的影响不是很大，说明其对公司财务绩效的影响十分有限。

## 四、航空运输业上市公司财务指标分析

在可抵扣固定资产对"营改增"后水上运输业税负影响的实证研究中，本节选取了白云机场、上海机场、南方航空、外运发展和中国国航5家上市公司的数据进行研究。由于计算量过大且受文章篇幅的局限，所以本节的研究仅选取中国国航一家上市公司2008~2015年的相关数据，通过计算得到公司的财务指标数据，从而形成对公司财务绩效的评价表，具体结果如表6-5所示。

表6-5　2008~2015年中国国航的财务绩效评价

| 指标层 | 年份 | 2008 | 2009 | 2010 | 2011 | 2012 | 2013 | 2014 | 2015 |
|---|---|---|---|---|---|---|---|---|---|
| 盈利能力 | $X_{11}$ | −0.363357 | 0.225012 | 0.379367 | 0.173192 | 0.105066 | 0.065771 | 0.072392 | 0.113851 |
| | $X_{12}$ | −0.09881 | 0.048554 | 0.095299 | 0.048077 | 0.030273 | 0.018783 | 0.020481 | 0.033921 |
| | $X_{13}$ | −0.174821 | 0.097431 | 0.153833 | 0.081302 | 0.054431 | 0.037591 | 0.040543 | 0.066283 |
| | $X_{14}$ | −0.201571 | 0.109387 | 0.219958 | 0.119117 | 0.075635 | 0.048918 | 0.049325 | 0.08882 |
| 经营能力 | $X_{21}$ | 0.565203 | 0.49834 | 0.619495 | 0.591332 | 0.556161 | 0.499658 | 0.505178 | 0.511758 |
| | $X_{22}$ | 5.919001 | 6.229185 | 5.748782 | 4.576659 | 4.753183 | 4.193057 | 4.566009 | 5.202303 |
| | $X_{23}$ | 61.986993 | 48.098644 | 65.470265 | 74.441293 | 72.338985 | 76.891657 | 81.911054 | 59.129095 |
| | $X_{24}$ | 21.680116 | 23.902309 | 30.087527 | 33.306302 | 35.533044 | 32.179477 | 34.454971 | 32.782509 |
| 偿债能力 | $X_{31}$ | 0.794863 | 0.774296 | 0.731353 | 0.714398 | 0.709513 | 0.717849 | 0.716319 | 0.688376 |
| | $X_{32}$ | 3.874802 | 3.430585 | 2.722354 | 2.501379 | 2.4425 | 2.544206 | 2.525091 | 2.208996 |
| | $X_{33}$ | 0.216095 | 0.19725 | 0.414514 | 0.370877 | 0.368174 | 0.365078 | 0.338834 | 0.388893 |
| | $X_{34}$ | 0.197055 | 0.171661 | 0.396101 | 0.351381 | 0.348375 | 0.350079 | 0.320641 | 0.354425 |
| 发展能力 | $X_{41}$ | 0.064961 | −0.03539 | 0.58454 | 0.199801 | 0.02781 | −0.022158 | 0.073723 | 0.039145 |
| | $X_{42}$ | −3.453803 | −1.537593 | 1.501826 | −0.365896 | −0.311888 | −0.32469 | 0.158039 | 0.698888 |
| | $X_{43}$ | 0.12008 | 0.073464 | 0.462085 | 0.116634 | 0.071469 | 0.105815 | 0.020846 | 0.019369 |
| | $X_{44}$ | −0.354687 | 0.181091 | 0.740267 | 0.187106 | 0.089795 | 0.074082 | 0.026382 | 0.11978 |

由表6-5可以看出，在盈利能力的指标中，四个指标的变化趋势均为：2008~2010年呈现出逐年上升的趋势，2011~2013年呈现出逐年下降的趋势，2014年之后又呈现出上升的趋势。2012年实施"营改增"后，公司2013年的营业收入比2012年少，此后又呈现出逐年增加的趋势。公司的营业税金及附加也在2013年大幅度下降，仅为2012年的18%，2014年虽然降幅不大，但延续了下降的趋势，2015年才出现上升的趋势。此外，公司的利润总额在2012年大幅度下降，2013年的利润总额仅为2012年的65%。2015年，公司的利润总额都还未回到"营改增"之前的水平。因此，从四个指标的变化趋势及相关数据的变化结果可知，"营改增"的实施在一定程度上降低了公司的盈利能力，虽然这一影响并不是很大。

关于营运能力，从表6-5可以看出，公司的总资产周转率2012年以后，基本保持在0.50的水平上，而2012年之前，公司的资产周转率则是先减少后增加再减少。"营改增"的实施虽然影响了公司的营业收入和营业税金及附加等值，但是总资产周转率在正常的范围内波动，因此"营改增"的实施对公司总资产周转率没有影响。公司的流动资产周转率在此期间的变化有增有减，但就总体而言，"营改增"后的流动资产周转率低于"营改增"前的流动资产周转率，所以即使流动资产周转率的变动幅度不大，但"营改增"的实施影响了公司的营业收入，也促使公司的流动资产决策受到影响。因此，"营改增"在一定程度上降低了公司的流动资产周转率，但这个影响是非常小的。公司的存货周转率仅 2009 年和 2015 在合理的范围内，相比于 2012 年之前，存货周转率 2012 年之后的数值较高，并且 2015 年有较大的回落。由于航空运输业属于运输业，所以其存货周转率的变化基本上取决于公司营业规模的变化，而且，从公司的年报可知，公司营业规模的变动趋势和其存货周转率之间存在正向关系，并且公司存货周转率在正常范围内变动。因此，认为公司存货周转率的变化是由公司经营规模引起的，与"营改增"政策的实施没有关系。换句话说，"营改增"的实施并未对公司的存货周转率产生影响，或者可能存在滞后效应。2012 年之前，公司的应收账款周转率呈现出逐年上升的趋势，2012 年实施"营改增"政策后，应收账款周转率 2013 年出现轻微的下降，2014 年又恢复到 2012 年的水平，但 2015 年又下降到 2013 年的水平。公司应收账款周转率受到"营改增"政策和公司年末应收账款余额的双重影响，就税收影响来说，如果公司的税负增加，那么其应收账款周转率就将下降。因此，"营改增"降低了公司的营运能力，但这个影响是非常小的。

关于偿债能力，从表 6-5 可以看出，虽然公司的流动比率 2010 年有较大幅度的增加，但是公司在"营改增"后的流动比率和 2011 年的水平非常接近。这表明"营改增"政策的实施并未影响公司的流动比率，或者可能存在滞后效应。对于速动比率而言，虽然在 2010 年有较大幅度的增加，但是公司在"营改增"后的速动比率和 2011 年的水平非常接近。这表明"营改增"政策的实施并未影响公司的流动比率，或者可能存在滞后效应。一般认为，如果一个公司的速动比率低于 1，那么该公司具有较强的短期偿债能力，从表 6-5 中可知，中远航运 2013 年后的速动比率均在 1 以下，说明公司具有较强的短期偿债能力。"营改增"的实施并未改变公司的流动比率和速动比率，所以公司的短期偿债能力没有受到"营改增"政策的影响，或者可能存在滞后效应，但也表明了中国国航具有较强的短期偿债能力。由于40%~60%是资产负债率的适宜范围，从表6-5中可以发现，2008~2015年，公司的资产负债率都在60%以上。这就说明"营改增"后公司的资产负债率过高，但与2012年前的资产负债率相比，公司在"营改增"后的资产负债率明显更低，更接近于合理值的范围。因此，"营改增"政策的实施在一定程度上降低了公司的资产负债率，提高了公司的长期偿债能力。由表6-5可知，公司的产权比率虽然2013年略有增加，2015年略有下降，但是2008~2012年总体上呈现出下降的趋势，并且从2011年开始，公司的产权比率基本保持稳定，都维持在2.5左右的水平上，并没有出现较大幅度的增减。因此，"营改增"的实施并未影响公司的产权比率，或者存在滞后效应。由于资产负债率和产权比率是用来衡量公司长期偿债能力的两个指标，"营改增"的实施在一定程度上降低了公司的资产负债率，却未影响公司的产权比率。因此，"营改增"的实施提升了公司的长期偿债能力，尽管这一影响非常小。

关于发展能力，从表6-5可以看出，中国国航的营业收入增长率2009年和2013年出现负值。2008年的金融危机影响了公司的营业收入，导致营业收入增长率在2009年出现负值，营业收入增长率在2013年的负值，则是由于受到"营改增"政策的影响，公司2013年的营业收入出现下降。因此，"营改增"政策的实施降低了公司的营业收入增长率，但这种影响仅是短暂的。公司的净利率仅2010年、2014年和2015年为正值，在"营改增"后，公司2013年的净利率出现轻微的下降，但此后则保持连续上升的趋势，并将负值增加为正值。这说明"营改增"后，公司的发展能力在逐渐增加，发展潜力较好。从表6-5可知，公司的总资产增长率2012年有轻微的下降，但2013年则又回升到2011年的水平，公司总资产增长率2014年的下降幅度偏大，随后2015年则相对平稳，指标值和前一年基本上处于同一水平。这表明"营改增"后，公司的总资产正在逐渐减少，且维持在一个较低的水平。因此，"营改增"的实施在一定程度上降低了公司的总资产增长率。公司的资本积累率仅2008年出现负值，从2010年开始下降，而2015年则又出现增加的趋势，该指标值2013年下降了0.01，2014年下降了 0.05，而 2015 年增加了 0.09。这就表明"营改增"的实施对公司资本积累率有滞后效应，并且这种影响是正向的，即"营改增"的实施提高了公司的资本积累率。因此，"营改增"的实施增加了中国国航的发展能力，尽管这种影响非常有限，但是公司具有较好的发展潜力。

综上所述，"营改增"的实施在一定程度上降低了中国国航的盈利能力和营运能力，加强了公司的长期偿债能力和发展能力，对公司的短期偿债能力没有影响或者存在滞后效应。总的来说，"营改增"对中国国航各项指标的影响不是很大，说明其对公司财务绩效的影响十分有限。

### 五、装卸搬运和运输代理业上市公司财务指标分析

在证监会 2012 年版行业分类中，装卸搬运和运输代理业包括 3 家上市公司，除去不符合本文研究需求的样本外，仅剩澳洋顺昌一家上市公司的数据。所以本节的研究仅选取澳洋顺昌一家上市公司 2008~2015 年的相关数据，通过计算得到公司的财务指标数据，从而形成对公司财务绩效的评价表，具体结果如表 6-6 所示。

表 6-6　2008~2015 年澳洋顺昌的财务绩效评价

| 指标层 | 年份 | 2008 | 2009 | 2010 | 2011 | 2012 | 2013 | 2014 | 2015 |
|---|---|---|---|---|---|---|---|---|---|
| 盈利能力 | $X_{11}$ | 0.079019 | 0.103319 | 0.179413 | 0.188992 | 0.161684 | 0.141587 | 0.148869 | 0.154372 |
| | $X_{12}$ | 0.040761 | 0.065822 | 0.107347 | 0.09946 | 0.085076 | 0.077946 | 0.092398 | 0.111867 |
| | $X_{13}$ | 0.029012 | 0.07107 | 0.098196 | 0.083224 | 0.088857 | 0.103057 | 0.135665 | 0.176177 |
| | $X_{14}$ | 0.031348 | 0.08832 | 0.127043 | 0.105095 | 0.1145 | 0.14045 | 0.186926 | 0.251809 |
| 经营能力 | $X_{21}$ | 1.404968 | 0.926157 | 1.093194 | 1.195089 | 0.957446 | 0.75634 | 0.681077 | 0.634967 |
| | $X_{22}$ | 1.75315 | 1.407384 | 2.016063 | 2.169412 | 1.873787 | 1.639336 | 1.021572 | 1.009106 |
| | $X_{23}$ | 5.290614 | 4.873763 | 6.392546 | 5.705692 | 5.009718 | 5.258281 | 5.486924 | 5.545653 |
| | $X_{24}$ | 4.744257 | 4.116375 | 5.219223 | 4.933177 | 4.092637 | 3.826307 | 3.945261 | 4.461008 |
| 偿债能力 | $X_{31}$ | 0.356749 | 0.367171 | 0.428265 | 0.505423 | 0.442567 | 0.455659 | 0.319755 | 0.230669 |
| | $X_{32}$ | 0.554604 | 0.580206 | 0.749062 | 1.02193 | 0.793939 | 0.837084 | 0.470059 | 0.29983 |
| | $X_{33}$ | 2.266321 | 1.522406 | 1.246465 | 1.121098 | 1.062431 | 1.101733 | 2.760148 | 5.287018 |
| | $X_{34}$ | 1.590745 | 1.175372 | 0.849117 | 0.722354 | 0.739629 | 0.83956 | 2.355605 | 4.535322 |

| 指标层 \ 年份 | 2008 | 2009 | 2010 | 2011 | 2012 | 2013 | 2014 | 2015 |
|---|---|---|---|---|---|---|---|---|
| 发展能力 $X_{41}$ | — | -0.026257 | 0.607251 | 0.50345 | -0.050279 | -0.158091 | 0.084998 | 0.044142 |
| 发展能力 $X_{42}$ | — | 1.385383 | 1.220696 | 0.274217 | 0.014004 | -0.023548 | 0.428302 | 0.355941 |
| 发展能力 $X_{43}$ | — | 0.454713 | 0.297705 | 0.435031 | 0.011522 | 0.119395 | 0.281279 | -0.005933 |
| 发展能力 $X_{44}$ | — | 0.431145 | 0.172423 | 0.241367 | 0.140076 | 0.093105 | 0.601172 | 0.124252 |

由表6-6可以看出，在盈利能力的指标中，净资产收益率2012年之前有较大幅度的波动，但2012年之后，则基本上保持在0.14~0.16。这说明"营改增"后，公司的净利润与股东权益的变动幅度基本相同，"营改增"的实施使得公司净资产收益率维持在一个相对稳定的水平上。公司的总资产净利润率2012年之前呈现出逐年上升的趋势，2012年和2013年则有轻微的下降，随后2014年和2015年又出现递增的趋势。2012年"营改增"的实施，使得公司2012年的营业收入增幅较小，2013年的营业收入则少于2012年。同一时间，公司总资产的变动幅度小于营业收入的变动幅度，从而导致总资产净利润率下降。随着公司对经营战略等进行调整，逐渐适应了新的纳税环境，公司的总资产净利润率也恢复到正常水平。公司的营业净利率和成本费用率两个指标都只是2011年出现下降，在其余年份均呈现出上升的趋势，相比于2012年之前的增加幅度，公司的营业净利率和成本费用利润率2012年之后的增加幅度更大。2012年"营改增"的实施，使得公司2012年的营业收入增幅较小，2013年的营业收入则少于2012年。与此同时，公司的营业税金及附加也在2012年之后连续两年下降，仅2015年才开始上升。这就说明"营改增"的实施虽然影响了公司的营业收入和营业税金及附加，但仍对公司的营业净利率和成本费用率有正向影响。综上所述，从四个指标的变化趋势及相关数据的变化结果可知，虽然"营改增"的实施提升了公司的净资产收益率、总资产净利润率和营业净利率，在一定程度上提高了公司的盈利能力，但是成本费用利润率的增加幅度大于上述三个指标的增加幅度，加上成本费用利润率的增加会降低公司的盈利能力。因此，"营改增"的实施对澳洋顺昌盈利能力的影响不是很大，但这个影响是有负向的。

关于营运能力，从表6-6可以看出，公司的总资产周转率在2012年以后，呈现出逐年递减的趋势，2012 年之前，公司的总资产周转率则是有增有减，总体水平高于 2012 年后的总体水平。因此，"营改增"的实施降低了公司的总资产周转率，并且将该指标值维持在一个稳定的水平上。从表 6-6 可知，就总体而言，"营改增"后的流动资产周转率低于"营改增"前的流动资产周转率，所以即使流动资产周转率的变动幅度不大，但"营改增"的实施影响了公司的营业收入，也促使公司的流动资产决策受到影响。因此，"营改增"在一定程度上降低了公司的流动资产周转率，这个影响是非常小的。公司的存货周转率 2012 年之前有增有减，2012 年时则有轻微的下降，此后则保持稳定的上升。由于澳洋顺昌属于装卸搬运和运输代理业，公司的营业成本主要取决于公司的营业规模，因此公司存货周转率的变动在很大程度上都是受到营业规模的影响。当然，"营改增"的实施也会影响公司的营业规模及成本，所以"营改增"的实施也会对公司的存货周转率产生影响。公司的应收账款周转率 2012 年有较大幅度的下降，2013 年的降幅虽小但也呈现出下降的趋势，而从 2014 年开始，应收账款周转率呈现出逐年递增的趋势，到 2015 年，该指标值已经回复到"营改增"实施前的水平。由于公司应收账款周转率受到"营改增"政策和公司年末应收账款余额的双重影响，所以就税收影响来说，如果公司的税负增加，那么其应收账款周转率就将下降。综上所述，从四个指标的变化趋势及相关数据的变化结果可知，"营改增"降低了公司的营运能力，但这个影响是非常小的。

关于偿债能力，从表 6-6 可以看出，公司的流动比率和速动比率两个指标在此期间的变化均可分为两个阶段：第一阶段是 2008~2012 年，指标值呈现出逐年下降的趋势；第二阶段是 2012~2015 年，指标值呈现出逐年上升的趋势。"营改增"后，公司的流动比率和速动比率两个指标都是从 2013 年的缓慢增长，逐渐到 2014 年和 2015 年的大幅度提升。这说明"营改增"政策的实施提高了公司的流动比率和速动比率。一般认为，如果一个公司的速动比率低于 1，那么该公司具有较强的短期偿债能力，由于公司的短期偿债能力是用上述两个指标来衡量的，所以"营改增"政策通过影响上述两个指标而间接影响公司的短期偿债能力，通过分析"营改增"对两个指标的影响可以发现，"营改增"政策的实施降低了公司的短期偿债能力。资产负债率和产权比率是用来衡量公司长期偿债能力的两个指标，一般认为资产负债率在40%~60%为合理范围，所以从表6-6可知，澳洋顺昌2008~2013年的资产负债率都处于合理范围内，2014年和2015年的指标值低于适宜范围的最低值。过低的资产负债率意味着公司难以运用资产抵押的形式获取较多的资金，这就说明公司具有较差的长期偿债能力。公司的产权比率在2008~2011年呈现出逐年上升的趋势，2012年"营改增"政策的实施，产权比率出现下降，公司的产权比率在2013年有轻微的上升，但在2014年和2015年又出现连续的下降。因此，"营改增"对公司产权比率的影响具有滞后效应且这种影响是负向的，即降低公司的产权比率。通过对两个指标的分析可知，"营改增"政策的实施在一定程度上减弱了公司的长期偿债能力。

关于发展能力，从表6-6可以看出，澳洋顺昌的营业收入增长率2009年、2012年和2013年出现负值。2008年的金融危机影响了公司的营业收入，导致营业收入增长率在2009年出现负值，营业收入增长率2012年和2013年的负值，则是由于受到"营改增"政策的影响，公司两年的营业收入出现下降。因此，"营改增"政策的实施降低了公司的营业收入增长率，但这种影响仅是短暂的。公司的净利率仅在2013年为负值，在"营改增"后，公司2013年的净利率出现轻微的下降，但此后两年保持在稳定的正值水平上。这说明"营改增"后，公司的净利润虽在短期内有所下降，但在长期中则是维持在一个合理的正值范围内。从表6-6可知，公司的总资产增长率2012年出现较大的降幅，在2013年和2014年又出现连续的上升，但仍未回到2011年的水平，而且2015年总资产增长率又有较大的下降幅度且在研究期内首次出现负值。与"营改增"前相比，总资产增长率在"营改增"后的指标值更低，因此"营改增"的实施在一定程度上降低了公司的总资产增长率。虽然公司资本积累率在2012年下降了0.1，但是指标值该年的水平和2010年相近，2013年公司的资本积累率出现轻微的下降，而从2014年开始则保持稳定的增长。这表明"营改增"通过影响公司的各项决策，进而影响公司的资本积累率，这种影响在短期内表现为降低公司的资本积累率，而在长期则表现为无影响。因此，通过四个指标的分析可以知道，"营改增"政策的实施在短期内降低了公司的发展潜能。

综上所述，"营改增"的实施对公司的四种能力都有负向影响，但是这种负向影响对各个指标的影响不是非常大，有些指标甚至没有受到影响。所以，"营改增"政策的实施对澳洋顺昌财务绩效的影响是十分有限的。

## 六、仓储业上市公司财务指标分析

在可抵扣固定资产对"营改增"后仓储业税负影响的实证研究中，本节选取了深基地 B、中储股份和保税科技 3 家上市公司的数据进行研究。由于计算量过大且受篇幅的局限，所以本节的研究仅选取中储股份 1 家上市公司 2008~2015 年的相关数据，通过计算得到公司的财务指标数据，从而形成对公司财务绩效的评价表，具体结果如表 6-7 所示。

表 6-7　2008~2015 年中储股份的财务绩效评价

| 指标层 | 年份 | 2008 | 2009 | 2010 | 2011 | 2012 | 2013 | 2014 | 2015 |
|---|---|---|---|---|---|---|---|---|---|
| 盈利能力 | $X_{11}$ | 0.048705 | 0.055164 | 0.069443 | 0.097084 | 0.093404 | 0.067969 | 0.094453 | 0.0888 |
| | $X_{12}$ | 0.020003 | 0.024168 | 0.032365 | 0.03978 | 0.035902 | 0.026927 | 0.042069 | 0.047459 |
| | $X_{13}$ | 0.01057 | 0.014137 | 0.015689 | 0.017468 | 0.015363 | 0.012434 | 0.025996 | 0.037255 |
| | $X_{14}$ | 0.014781 | 0.019555 | 0.021813 | 0.024233 | 0.021146 | 0.016349 | 0.034779 | 0.051335 |
| 经营能力 | $X_{21}$ | 1.892413 | 1.709594 | 2.062908 | 2.277295 | 2.336998 | 2.165565 | 1.618274 | 1.273883 |
| | $X_{22}$ | 3.264743 | 2.787076 | 3.300236 | 3.359143 | 3.448571 | 3.296772 | 2.615971 | 2.144374 |
| | $X_{23}$ | 12.515434 | 12.744143 | 15.481677 | 12.615041 | 15.068611 | 15.439444 | 11.369804 | 11.634352 |
| | $X_{24}$ | 36.971516 | 26.966358 | 32.76265 | 32.420592 | 30.118823 | 31.312865 | 20.964869 | 16.669019 |
| 偿债能力 | $X_{31}$ | 0.621942 | 0.505176 | 0.559839 | 0.613715 | 0.617408 | 0.592267 | 0.513248 | 0.421553 |
| | $X_{32}$ | 1.645096 | 1.020919 | 1.271898 | 1.588762 | 1.61375 | 1.452583 | 1.054435 | 0.728768 |
| | $X_{33}$ | 1.045825 | 1.249001 | 1.274262 | 1.215213 | 1.528449 | 1.500149 | 1.947906 | 2.6387 |
| | $X_{34}$ | 0.793113 | 1.037861 | 0.981609 | 0.882495 | 1.275408 | 1.137304 | 1.567172 | 2.215063 |
| 发展能力 | $X_{41}$ | 0.231554 | −0.129117 | 0.31017 | 0.276102 | 0.143854 | 0.039509 | −0.229327 | −0.173297 |
| | $X_{42}$ | 0.072206 | 0.164767 | 0.454005 | 0.420814 | 0.005982 | −0.158654 | 0.611274 | 0.184745 |
| | $X_{43}$ | −0.119886 | 0.05934 | 0.110706 | 0.184307 | 0.067509 | 0.172657 | −0.089225 | 0.192166 |
| | $X_{44}$ | −0.242794 | 0.386525 | −0.011995 | 0.039348 | 0.057304 | 0.249717 | 0.087283 | 0.416747 |

由表 6-7 可以看出，盈利能力的四个指标呈现出统一的变化趋势：2008~2011 年，指标值呈现出逐年递增的趋势；指标值 2012 年和 2013 年则出现连续

两年下降的现象；从 2014 年开始，又呈现出逐年上升的趋势。"营改增"政策的实施，并未使得公司 2012 年的营业收入出现下降的情况，公司的营业收入在 2014 年开始下降 2015 年延续了下降的趋势。"营改增"后，与 2012 年之前的情况不同的是公司的营业税金及附加呈现出逐年下降的趋势。受"营改增"政策的影响，公司 2012 年的利润总额仅有 1% 的增加 2013 年的利润总额则低于 2012 年的值。因此，从四个指标的变化趋势及相关数据的变化结果可知，"营改增"的实施在短期内降低了公司的盈利能力，但在长期则增强了公司的盈利能力。

关于营运能力，从表 6-7 可以看出，公司的总资产周转率 2012 年以后，呈现出逐年递减的趋势，而 2012 年之前，公司的总资产周转率则是有增有减，并且总体水平高于 2012 年后的总体水平，因此"营改增"的实施降低了公司的总资产周转率。从表 6-7 可知，公司流动资产周转率在 2012 年以后呈现出逐年递减的趋势，2012 年之前，该指标值则在一个相对稳定的范围内正常波动，所以就总体而言，"营改增"后的流动资产周转率低于"营改增"前的流动资产周转率。因为"营改增"的实施影响了公司的营业收入，促使公司对流动资产的决策受到影响，所以"营改增"在一定程度上降低了公司的流动资产周转率。公司的存货周转率在 2012 年之前有增有减，但基本保持在一个稳定的水平值上，存货周转率在 2012 年出现增加且在 2103 年维持在增加后的水平上。然而，在 2014 年，公司的存货周转率则出现下降，恢复到"营改增"前的水平且 2015 年保持了这一水平。由于中储股份属于仓储业，公司的营业成本主要取决于公司的营业规模，所以公司存货周转率的变动在很大程度上都是受到营业规模的影响。当然，"营改增"的实施也会影响公司的营业规模及成本，因此"营改增"的实施也会对公司的存货周转率产生影响。公司的应收账款周转率 2010~2013 年都维持在一个相对稳定的水平上，但在 2014 年出现大幅度的下降，并且在 2015 年持续下降。公司年末应收账款余额对公司应收账款周转率的影响最大，当然，"营改增"政策的实施也在一定程度上影响了公司的应收账款周转率。一般来说，如果公司的税负增加，那么其应收账款周转率就将下降。综上所述，从四个指标的变化趋势及相关数据的变化结果可知，虽然影响效果非常小，但是"营改增"降低了公司的营运能力。

关于偿债能力，从表6-7可以看出，相比于2012年之前，"营改增"后公司的流动比率更高，并且在整体上呈现出逐年递增的趋势。这表明在"营改增"政策实施以后，公司的短期偿债能力得到提升。就速动比率来说，一般认为，如果一个公司的速动比率低于1，那么该公司具有较强的短期偿债能力，从表6-7可知，公司的速动比率在2012年之前基本上都在1以下，自从"营改增"政策实施以后，公司的速动比率从2012年开始一直都在1以上。这就表明"营改增"的实施提高了公司的速动比率，从而降低了公司的短期偿债能力。通过上述分析可知，"营改增"通过影响两个指标值的变化，从而影响公司的短期偿债能力。但由于"营改增"的实施增加了公司的流动比率，流动比率的增加会提升公司的短期偿债能力，"营改增"的实施也增加了公司的速动比率，使得速动比率值超过合理范围，因此降低了公司的短期偿债能力，所以"营改增"对公司短期偿债能力的具体影响取决于上述两种影响的具体大小。公司的资产负债率2008~2013年都在0.5左右上下波动，但2014年和2015年的指标值却出现明显的下降。一般认为资产负债率在40%~60%为合理范围，不管是"营改增"前还是"营改增"后，公司的资产负债率均在合理范围内，但是公司在2015年的资产负债率接近于合理范围的最低值，并且从2014年开始连续两年下降，所以"营改增"的实施降低了公司的资产负债率。从表6-7可知，公司的产权比率2008~2012年呈现出逐年上升的趋势，从2013开始则出现连续三年下降的情况。这表明公司负债总额的增加幅度小于所有者权益总额的增加幅度。换句话说，"营改增"的实施降低了公司的产权比率且这一影响存在滞后效应。通过对两个指标的分析可知，"营改增"政策的实施在一定程度上减弱了公司的长期偿债能力。

关于发展能力，从表6-7可以看出，中储股份的营业收入增长率2009年、2014年和2015年出现负值。2008年的金融危机影响了公司的营业收入，导致营业收入增长率在2009年出现负值，而2008~2011年的其余年份中，公司的营业收入增长率均保持在一个相对稳定的范围内，但从2012年开始，该指标值出现连续的下降。这种情况的出现是由于受到"营改增"政策的影响，公司两年的营业收入出现下降。因此，"营改增"政策的实施降低了公司的营业收入增长率。在"营改增"后，公司2012年的净利率出现较大幅度的下降，且2013年出现负值，但净利率 2014 年又出现大幅度的上升，2015 年的指标值又有较大幅度的回落。因此，"营改增"对公司净利率在短期内有负向影响。公司的总资产增长率 2012 年出现较大的降幅在 2013 年又恢复到 2011 年的水平，但总资产增长率 2014 年出现负值，表明公司 2014 年的总资产少于 2013 年，公司 2015 年的总资产增长率又恢复到 2011 年的水平。因此，"营改增"后公司总资产增长率的波动范围较大，但"营改增"对其的具体影响却是无法判断的，虽然公司的资本积累率在 2014 年有所下降，但仍高于 2012 年的水平值，并且该指标值 2013 年和 2015 年都有较大幅度的增加。因此，从总体上来说，"营改增"的实施增加了公司的资本积累率，从而影响了公司的发展能力。通过四个指标的分析可以知道，虽然"营改增"的影响并不大，但是该政策的实施降低了公司的发展潜能。

综上所述，虽然"营改增"的实施对各个指标的影响不是很大，但其对公司四种能力的影响则分别为：第一，在短期内降低了公司的盈利能力，但在长期则增强了公司的盈利能力；第二，对短期偿债能力的影响取决于其对两个指标影响的具体大小，并且在一定程度上减弱了公司的长期偿债能力；第三，降低了公司的运营能力；第四，降低了公司的发展能力。都有负向影响，因此"营改增"政策的实施对中储股份财务绩效的影响是十分有限的。

# 第四节　本章小结

为探究"营改增"政策的实施对物流业上市公司财务绩效的影响，本章首先从理论上直观地分析了"营改增"对物流企业财务绩效的影响。其次，通过识别公司财务绩效的主要影响因素，从盈利能力、营运能力、偿债能力和发展能力四个角度出发，构建了物流企业财务绩效评价指标系。最后，运用上市公司的年报数据，结合物流企业财务绩效评价指标体系，测算出各细分行业上市公司的财务绩效评价指标值，并得到相应的公司财务绩效评价表，从而对"营改增"如何影响上市公司财务绩效进行分析和研究。

通过测算各细分行业上市公司的财务绩效指标，并分析公司的财务绩效评价表，在关于"营改增"对公司财务绩效的影响的问题研究中，本章得出以下结论：第一，在铁路运输业中，"营改增"政策的实施促使企业的盈利能力、长期偿债能力和发展能力有所降低，但使企业的短期偿债能力有所增加，但对企业的营运能力则没有影响，或者存在滞后效应；第二，在道路运输业中，"营改增"政策的实施虽然降低了企业的盈利能力和发展能力，但却使得企业的营运能力和偿债能力有所增加；第三，在水上运输业中，"营改增"政策的实施在一定程度上降低了企业的盈利能力和发展能力，但却加强了企业的短期偿债能力，对企业的营运能力没有产生任何影响，对企业偿债能力的影响则是不确定的；第四，在航空运输业中，"营改增"政策的实施虽然降低了企业的盈利能力和营运能力，但是加强了企业的长期偿债能力和发展能力，对企业的短期偿债能力则没有影响，或者存在滞后效应；第五，在装卸搬运和运输代理业中，"营改增"政策的实施使得企业的盈利、运营、偿债和发展四个能力都出现下降；第六，在仓储业中，"营改增"政策的实施降低了企业的短期盈利能力、长期偿债能力、运营能力和发展能力，使企业的长期盈利能力有所增加，对企业短期偿债能力的影响却是不确定的。此外，"营改增"政策的实施对各细分行业上市公司财务绩效的影响都是十分有限的。

# 第七章 "营改增"后物流企业快速发展的相关对策及建议

2012~2014 年初，交通运输业全部被纳入了"营改增"的范围。"营改增"这一政策对我国物流业的影响是巨大的，最主要的是它可能让物流业企业受到税负上涨的影响。尽管国家制定"营改增"政策的最初目的是想要减轻企业的税收负担，对现行税制和产业结构起到调整优化作用，然而在实际试点中，物流业企业却因此需要面对上涨的生产经营成本、缺少的员工以及紧张的资金等问题，导致其获得的利润减少、产业形势严峻以及生存更为艰难。所以物流业企业如何面临"营改增"政策改革所带来的税负上涨、规模难以扩张、增长渐缓、结构调整速度加快等尴尬局面，怎样降低企业所要承担的税负、实现产业升级、转变发展方式，就成为物流业关注的重点。

前文中已经具体探讨了"营改增"这个政策变化对物流业企业的影响，本章将针对这些影响，从四个方面为物流业企业提出相关对策及建议，这四个方面分别是：选择上下游及物流业业态方面、会计与财务处理方面、企业经营与管理方面和税收筹划方面。

# 第一节 选择上下游及物流业业态方面的对策

## 一、合理选择供应商和客户

"营改增"政策带来了企业缴税从不能抵扣进项税额到可以抵扣进项税额的变化，物流业企业就必须比以往更重视对上游供应商的选择，这是为了取得更多的增值税发票以进行进项税额的抵扣，降低企业的税负。物流业企业应当在进行外购之前就对上游的供应商进行是否具备能开具增值税专用发票的资质等方面的调查，"营改增"政策对可以取得增值税专用发票的费用项目有所规定，包括办公费、咨询费、租赁费、固定资产修理费等。另外，企业外购的用于非应税项目的商品或劳务是不能进行进项税额的抵扣的，如那些企业购买的发放给企业职工的福利品，购买时取得的增值税专用发票就是不能进行进项税额抵扣的。

物流业企业同时要对其上游供应商的纳税身份有所了解，在进行与供应商的交易时，应当根据其不同的纳税身份用不同的策略应对：当供应商是增值税一般纳税人身份时，物流业企业要在进行每笔交易时都取得增值税专用发票，以保证充分的进项税额抵扣；而当供应商是增值税小额纳税人时，物流业企业无法取得增值税专用发票，那么就应当与供应商进行商品价格优惠的谈判，争取更低的商品价格，降低企业成本。

因此，物流业企业应当根据不同的供应商纳税身份进行有效的税务筹划。企业可以从两方面来进行：一方面，在多家供应商所提供的商品和服务没有太大差异的情况下，企业最好选择增值税一般纳税人身份的供应商，因为它们具有开具增值税专用发票的资格。另一方面，物流企业还要和供应商与客户进行有关政策变化的沟通，与供应商的沟通主要是与那些不能开具增值税专用发票的供应商进行机遇商品折扣优惠的谈判，与客户的沟通主要是让他们了解商品或服务价格变化的原因，避免客户的流失。

## 二、建设和改造物流设施

物流业企业要做好对物流设施与设备的建设与改造工作，并且要使物流网点的分布趋于合理化，从而扩张业务范围。物流业企业应当最大程度发挥已有设备与设施的效用，并根据未来物流业的发展趋势、不同客户的不同需求及未来需求的变化方向决定往哪个方向去进行改造与建设，建成新的物流设施与设备。物流业企业还应当与多家有业务往来的商家进行合作构建物流配送中心，让客户能够享受第三方的物流服务。基于拓宽物流业企业业务涵盖范围的需求，企业应当在国内需求市场扩张及城镇化推进的带动下，将企业的网点延伸至全国各地，争取建立起运用信息技术的现代化物流网络。一些物流业企业如果具备往国外市场发展的条件，就应该充分利用"走出去"所带来的优势，将企业的战略推向国外更广阔的市场。

## 三、完善对物流中心、物流信息化与标准化的建设

### 1. 完善现代物流中心建设

现代物流中心是物流信息集散的枢纽，具有高度的信誉与开放性，在物流业运营的全过程都发挥着重要的作用。

现代物流中心通过集成物流与商流渠道、物流与制造环节以及物流功能与渠道来实现快速反应。如果现代物流中心能够发挥其基础功能，那么就能有效提高物流业企业的效益；反之，若其基础功能无法有效发挥，那么就不能实现快速反应，造成资源的浪费。

现代物流中心的发展趋势是全球化、系统化、标准化和信息化的，这其中的核心趋势是信息化，也就是电子信息技术与现代物流中心建设的结合愈加紧密，未来将实现全面的物流信息畅通、订单处理自动化以及物流系统集约化。在现代物流中心中，物流信息是能够充分共享的，物流产业的未来发展空间愈加广阔，物流业企业的经营成本也将逐渐降低。[①]

---

① 何殷婷. "营改增"对江西省物流企业的影响及应对策略研究 [D]. 华东交通大学硕士学位论文, 2016.

所以物流行业应当更加注重对现代物流中心的建设，发挥其基础功能与倍增器的作用，拓宽物流业的发展空间。

2. 应积极推进物流信息化和标准化建设

国内的物流业企业普遍存在着缺乏标准化规则的乱象，这是物流业效率及效益低下的重要原因，并且国内的物流信息系统并不完善，这使得物流信息不能高效传递与分享。基于这些现象，我国现代的物流业企业应当重视信息技术在物流业中的应用，完善信息化的建设，制定标准化的内部管理制度，提供透明清楚的服务标准，构建信息服务平台到实体物流平台的信息通道，不断利用网络信息技术进行模式创新，打造实体服务与虚拟网络完美结合的一体化物流平台。

## 四、在与国家机关交流方面的应对措施

"营改增"这一政策变革不单单涉及两种税，还和国税与地税机关之间的沟通息息相关。税务机关作为国家机关，是依法向企业征收税收的机关，企业作为纳税主体，经常要与税务机关进行交流，所以企业应当重视这种交流，以最大限度地降低涉税风险。

企业的财务、税务相关人员与税务机关的基层工作人员往往有较多交流，比如增值税专用发票的领受、进项税发票的认证与抵扣、纳税申报以及清缴所得税等方面事项上。在企业与税务机关的交流过程中，税务机关的基层税务人员往往发挥着重要的作用，在企业的税务处理中具有较大的发挥能动性的权力，基于这种情况，物流业企业应当与税务机关的人员加强交流，这样做不仅能够尽量减少信息不对称带来的理解偏差，还能获取更多的税收优惠与纳税申报相关信息。

"营改增"的试点给许多物流业企业带来的是更大的税收负担，为了减轻企业的税收负担，许多地方都给予了物流业企业财政补贴，补贴方式是对比原先和现在税制下企业应缴纳税收金额的多少，如果按照新政策要缴纳的税收比原先要多，企业就有条件申请财政补贴。但是这种财政补贴政策各地都有所不同，它不同于国家政策，不是所有的物流业企业都可以享受，所以物流业企业应该在对当地税收政策有所了解后，向地方的财政与税务部门进行财政补贴与税收优惠政策

的申请，并且可以请求地方政府向国家相关部门进行反映，争取更多的补贴与优惠，从而缓解企业沉重的税收负担。①

# 第二节 会计与财务处理方面的对策

## 一、选择合理的纳税人身份

"营改增"政策的实施过程中，对于增值税纳税人的划分还依照以前的方法，也就是一般纳税人与小规模纳税人采用不同的税率，对作为一般纳税人的物流业企业征收增值税的税率为11%，对小规模纳税人而言，它们适用的是3%的增值税税率。两者的税负征收计算方法也有所不同，对一般纳税人征税的计算方法是用其当期的销项税额减去其当期可以抵扣的进项税额，从而得到应纳税额的数目；对小规模纳税人征税的计算方法是简易计税，即用其当期的销售收入乘上适用税率，就得到其应纳税额。另外，关于两者的进项税额抵扣问题，一般纳税人外购商品或劳务发生的进项税额是能够抵扣的，小规模纳税人却不能抵扣进项税额。两者是否能开具增值税专用发票也有所区别，一般纳税人在取得收入时可以开具，小规模纳税人不得开具。

从这些计税基础、征税方法以及税率的区别，我们可以看出增值税纳税人的不同会导致其税负的不同且差别较大。因此，这就给物流业企业提供了选择既适宜其生产经营活动又满足其降低税负需求的纳税人身份的契机。

对于从事不同生产经营活动的企业而言，选择纳税人身份的原因存在差别，在这里我们通过以交通运输业为例，对其选择作为一般纳税人或小规模纳税人产生的税收进行计算与对比，这样的方法被称为进项税额扣除率平衡点测算法。②

---

① 吴成莲. "营改增"对现代物流业的影响及对策研究 [D]. 云南财经大学硕士学位论文，2014.
② 朱玮. 营改增对物流企业的税负影响量化测算数学模型 [J]. 交通财会，2013，8：71-73.

如果一个从事交通运输业的企业作为一般纳税人缴税的话，它的应纳税额等于销项税额减去进项税额的差，也等于不含税销售收入乘以11%的税率再减去进项税额的差；如果该企业是作为小规模纳税人缴税的话，则其应纳税额就等于其不含税销售收入乘以3%的税率。

令上述的两个应纳税额相等，则有一般纳税人的进项税额等于小规模纳税人的不含税销售收入乘以8%。也就是说，如果该家从事交通运输业的企业用不含税销售收入来计算得到的实际进项税额抵扣率是大于8%的，那么此时作为小规模纳税人的税负要比作为一般纳税人的税负更高，所以该企业应当选择申请认定作为一般纳税人，反之则应当选择申请认定为小规模纳税人。

此处企业是否能自行对纳税人身份做出选择是不一定的，因为有政策规定，在"营改增"开始试点之前的时间，纳税人如果年应税服务销售额超过或等于500万元的，都必须作为一般纳税人缴纳增值税。另外，除非国家税务总局有其他规定，否则已经被认定为一般纳税人的企业不能再转为小规模纳税人，所以那些在"营改增"试点开始之前销售额就超过500万元的企业是很难在选择纳税人身份这一方面来进行税务筹划的。选择合理的纳税人身份这一税务筹划方式更多地适用于"营改增"政策试点后成立，或是在试点之前成立，但规模较小的企业。

## 二、加强企业发票的管理以及对员工培训的力度

### 1. 加强企业发票的管理

"营改增"政策的试点给物流业企业带来的是重大的税收变化，企业首先要对这种变化有清晰的认知。物流业企业实施增值税的征收后，管控增值税发票的重要性已经越来越被认同，[①]增值税发票在增值税征收的全过程当中都会被运用到，增值税征收金额的多少、进项税额抵扣的多少都是依据增值税发票来计算的，所以对增值税发票的有效管控也是"营改增"过程当中不可或缺的重要部分。如何有效管控增值税发票是物流业企业工作的难点，其中包括如何保证增值

---

[①] 梁娜. "营改增"对铁龙物流公司税负变化的影响分析 [D]. 天津商业大学硕士学位论文，2015.

税发票的准确性、真实性以及合规性等，增值税发票的管理需要具备这样的性质，是因为增值税专用发票对规范性的要求很高，不允许出现虚开、代开的情况，其内容也要是有效且真实的。无论是从税务机关对增值税发票的严格要求而言，还是从有效管理增值税发票能给企业带来的好处来讲，物流业企业加强企业发票的管理都是十分必要的，需要将企业开具的发票拿给专人进行审核，最大程度地避免不规范的行为，并且企业还应当对过去不合时宜的发票管理制度进行重新修改与制定。

至于具体的操作，物流业企业首先要深入研究与增值税专用发票相关的法律法规，有了明确认知后，根据企业自身所经营业务的特性，制定适应法律法规和适合本企业具体情况的发票管理制度；其次，物流业企业在开具增值税发票的时候，要区分开来需要开具专用发票与普通发票的业务，要根据税法规定的税率来开具，还要盖上发票专用章；再次，对于那些在开具时出现错误的发票，企业应当及时对该发票做作废处理，这是为了避免在月末进行发票稽核比对时出现发票与系统数据不匹配的情况发生，这会给企业带来可能的税务处罚；最后，当企业进行外购材料和服务时，在取得增值税专用发票的同时，一定要取得发票联及抵扣联，并且要根据取得的增值税专用发票的开具日期，及时处理其认证程序，以成功将其作为进项税额抵扣。总之，"营改增"政策实施之后，物流业企业应当高度重视增值税发票的重要性。

**2. 加大员工培训的力度**

"营改增"政策试点之后，给物流业企业带来了极大的挑战，它给企业的方方面面都带来了较大的影响，特别是税收负担、财务风险及盈利能力等方面。要解决好"营改增"给物流业企业带来的负面影响，可以从加大员工培训的力度方面入手。将企业内员工的素质提升，这是因为员工素质的提升能够带来更好的税务筹划能力，企业要实现有效的税务筹划，就要对和企业相关的税收政策及企业的经营状况有深入的研究，不然就容易使得企业无法按照预期期望实现有效的税务筹划，甚至有可能引发偷税、漏税的风险。综上所述，加强对员工的培训是十分必要的，具体可以从以下几个方面来具体操作：

首先，对员工的培训应当从讲解税收知识开始，员工必须对企业适用的税收政策有充分的了解，特别是在"营改增"实施后很多政策发生改变的情况下，企业的会计核算与税务处理等很多方面都发生了变化。进行税收知识方面的员工培训的重要性在于企业内部的很多员工，尤其是财务人员还维持着原来对企业应当缴营业税的惯性认知，没有及时随着"营改增"政策的变化调整到新的思维，他们在日常工作当中仍然按照过去的计税方法计算，并进行税务处理，如还按照原来的方法将交通运输业务与物流辅助业务放在一起进行核算，或是没能实现对发票的良好管控等，这样的行为是会增加企业的税负的。基于这种情况，企业今后应当着重加强对员工进行税收知识讲解的培训力度，要让员工，特别是财务人员学习好"营改增"的新政策，并掌握增值税的计算方法，从而为企业规避税收风险，为企业降低税收负担。

其次，物流业企业在对其员工进行培训时，要加强对政策的宣传力度，以及做好业务的指导工作。企业在培训的过程中，可以构建一套以内部部门为单位，各部门的负责人员为负责人的培训体系，以对税务方面员工的培训作为培训的重点，以实现加强对改革后的政策的宣传力度以及完善业务指导工作。针对不同能力层次的税务相关人员，在员工培训时可以选择一些本企业过去的财务资料、数据，把本企业当成典型案例来讲解税收规则，就有利于员工对新政策的理解。

最后，要利用考试的手段考核员工是否对"营改增"的相关知识有了深入的了解，并且可以适当地采用奖惩措施，对员工学习产生促进作用，切实提高其素质与业务能力。[1]另外，企业应当鼓励财务、税务相关人员基于企业经营的具体情况，相应地提出能让企业降低税收负担的个人见解，对比员工们提出的这些方案，对它们进行评估与测算，从中挑选出最佳的税务筹划方案。如果企业中的财务、税务人员不能进行良好的税务筹划，那么企业可以咨询专业的税务相关机构，从而获取适用于企业的有效税务筹划方法，降低企业承担税负的压力。

## 三、完善企业的财务管理

在"营改增"政策实施后，物流业企业从过去缴纳营业税是营业税纳税人，

---

① 王建华.基于杜邦财务理论的 TJ 港物流企业"营改增"分析 [D].辽宁大学硕士学位论文，2015.

变成了缴纳增值税是增值税纳税人，这种变化无论是从纳税身份、税务成本上，还是从计税方法上，都有着很大的不同，物流业企业的税务成本在所有的经营成本当中占据着较大的位置，所以企业必须对税务成本重视起来。至于计税方法的差异，以前企业缴纳营业税时，计税方法较为简单，就是用企业的销售额乘适用税率；当企业转为缴纳增值税时，就有着较为复杂的计税方法，企业需要计算增值税进项税额和销项税额，然后用销项税额减去进项税额，即得到应纳税额。计税方法的转变就让企业的税务成本也发生了较大的变化，物流业企业应当针对这种情况对企业内部的税务核算制度进行重新修改制定，对收入和成本的计量都要更加精准细化。

这次"营改增"的政策改革为物流业企业带来了税务筹划的挑战，现行的税收政策中存在着许多可供企业进行税务筹划的空间，但同时也给企业的财务管理工作和税务人员的工作能力提出了较高的要求。针对这种情况，物流业企业应当对其内部的会计人员提出更高的要求，通过员工培训等方式来确保这些会计人员能够对新的税收政策有充分的了解。另外，物流业企业还应当确保企业拥有准确的会计信息。具体而言，物流业企业应当从这几个方面来应对"营改增"带来的财务管理的挑战：一是在会计处理的时候，要收集整理好原始凭证，这是为了准确的会计核算所必须做的；二是要细分企业经营的业务，将其收入分别列入"主营业务收入"与"其他业务收入"账户中，并且要对"应交税费——应交增值税"账户下的明细科目进行标明和详细划分，这是为使企业的财务数据明确、清晰所必须做的；三是要准确地确定商品或服务的生产成本、企业所拥有固定资产的数量与价值，这是为了准确判定可抵扣进项税的金额所必须做的；四是要对外购商品的数量与价格进行准确计量与统计，并查阅企业适用的税收政策，找寻能够减少企业税负的优惠政策；五是必要时要根据新的税收政策对企业的会计政策和会计估计进行及时的变更。

物流业企业除了要在会计核算方面做好工作，也需要在企业的内控与审计方面进行加强，如果该企业本身无法有效进行这些会计工作，可以选择将企业的会计核算承包给企业外部专业的会计、税务事务所，或者也可以聘请一些专业的注册会计师、税务师或是审计师等，这样做能够让企业更加有效顺利地进行会计核算工作。物流业企业还要对内部的财务数据进行有效监控，及时发现不正常的数据变化并及时解决，如果企业在进行监控的过程中发现原始凭证与会计凭证没有实现对应，那么就是发现了财务管理方面存在的问题，企业可以通过多种方式，如综合运用财务分析工具来分析解决这些问题，尽快做出改进，降低财务风险。①

此外，物流业企业应该重视其子公司的作用，尤其是在所得税的汇算清缴中要充分发挥其作用，同时也要和外部专业的会计师、税务师事务所保持合作，尤其是要利用这些专业的机构为企业内部的税务事务提供指导、为子公司提高其财务人员的素质及业务能力，将企业在进行所得税汇算清缴时的压力分散降低。

# 第三节　企业经营与管理方面的对策

我国政府对于企业的经营与管理十分重视，这些年来先后发布了许多有关企业内部控制的规范性、指引性的文件，目的是为国内企业的内部控制提供一个在符合我国国情与企业发展状况的基础上，学习了其他国家科学的管理方法与经验，适用于国内企业的内部控制体系。国内的物流业企业应当以这种体系作为其内部控制的范本，并依据企业内部的自身情况进行相应调整，特别是要在"营改增"的新形势下做好调节工作，减少企业的成本，增加企业的利润。

"营改增"的政策实施后，物流业企业面临新一波的挑战，在改革的浪潮中如果想要实现更长远的发展，就必须要改善经营的模式，降低成本，提高服务品质。具体而言，物流业企业可以从以下几个方面来实现经营模式方面的改善。

## 一、梳理企业经营业务，定期评估涉税风险

对物流业企业而言，成本始终有着很大的金额，并且这种情况在"营改增"

---

① 刘宇. "营改增"对 ZL 物流公司经营的影响研究 [D]. 辽宁大学硕士学位论文，2015.

试点之后加剧了，这在一定程度上是因为企业对其内部税务核算的要求提高了，这样的要求是为了减轻企业的税收负担。但是要求的提高也随之带来了较高的税务管理成本，于是物流业企业在这种情况下应当尽快将本企业经营业务的流程梳理清楚，对这些业务进行评估和审核，将它们分类好。给企业的经营业务做好分类后，要把那些单独适用于某种税率的业务，也就是除了混合经营以外的业务，单独列出来并进行税费的计提；对于那些混合经营的业务，企业应当对它们的税收给予较高的重视，这是因为很多物流业企业的业务都是属于混合经营的，难以进行它们之间的区分，并且它们往往和多种税率的税收制度相关，如果不能很好地区分适用不同税率的业务，就会使得这些业务都按照其中最高的那种税率征税。这就是物流业企业为什么要在混合经营的业务中投入大量精力进行管理的原因，并且在该企业和其他的关联企业一起经营所产生的支出需要增值税发票的情况下，应当要求它们的供应商分开提供。

"营改增"的改革给许多物流业企业带来了对会计核算的新要求，也就是令企业必须将货物的仓储与运输、代理报关这些物流辅助服务和交通运输业务分开进行会计核算。对于物流业企业而言，要想降低企业税负，可以考虑在合法的情况下将适用税率较高的交通运输业务收入在最大程度上转变为适用税率较低的物流辅助业务收入，这样做能为企业减轻不少税收负担，但同时也较难实现。

税务方面的风险评估工作对"营改增"政策试点后的物流业企业而言是一项意义重大的工作，它能够有效地帮助企业降低税务上的风险，所以物流业企业应当充分利用所拥有的资源，由企业内部的税务及其他部门，或由企业外部的专业中介部门来进行定期的风险评估。

## 二、对企业现有组织结构进行整合

### 1. 化整为零

一些规模不大的物流业企业为了降低税负，可以采取"化整为零"的方式将原本是一般纳税人的纳税身份转化为多个小规模纳税人的身份，是通过将原有企业的结构进行拆分，或者是重新设立新公司的方式，来使得企业能够适用小规模纳税人的征收政策，并享受税收优惠。

2. 大小结合，根据不同业务税率组建一般和小规模纳税人

由于税法对纳税人所经营的不同税率或不同征收率的业务要求企业将它们的销售额核算分开，这是为了不混淆在一起而导致从高征收税费，所以纳税企业应当将适用不同税率的经营业务区分开来，尤其是其销售额的核算，并且可以按照不同的税率分别构建一般纳税人与小规模纳税人。这样做就能够尽量避免因业务划分不清而导致以高税率征收税费的情况，从而使得企业的税收负担减轻。[①]

## 三、有效控制服务成本与价格

在"营改增"政策试点之后，物流业企业也要面对价格调整的问题，这是为了提高企业的盈利能力而为。由于所缴纳的税种发生了变化，以前缴纳的营业税是价内税，现在缴纳的增值税是价外税，所以会给企业带来一定的净收益下降，物流业企业应该相应调整其服务的定价，使得净资产净利率有所提高，保证企业的盈利能力不会因为税收的改革而下降，同时企业要与物价管理部门保持良好的合作关系。另外，物流业企业还要对"营改增"所带来的变化进行全面的评估。

物流业企业在对其服务价格进行调整的时候应当考虑到多方面的因素，如要满足企业自身盈利的需要，发展更多的客户，先预测未来的收入；参考行业同种业务的平均价格、服务水平，并与同行业的其他企业进行资产规模的比较，然后根据企业的实际情况，对这些了解到的情况进行详细的分析，再将企业经营业务的价格确定下来。物流业企业在确定服务价格的同时，也要关注好控制成本的问题，企业应当根据企业自身的情况，适当引入那些较为标准、规范的成本管理系统。物流业企业所经营的业务繁多，并且这些业务往往对应着多种税收制度，使得企业很难进行控制成本的工作，对于这种情况，物流业企业应当对企业的成本控制制度加以完善，并保持好与优秀的上游企业的良好合作关系，从而争取获得更多的折扣以及进项税额的抵扣，提升企业的新形势适应能力。

---

① 金任茜. "营改增"对物流企业的税负影响及对策研究 [D]. 兰州财经大学硕士学位论文，2015.

## 四、对采购活动妥善安排

采购活动是每个企业都无法避免的活动，对于物流业企业而言，需要进行外购商品和劳务，以及购买或租赁固定资产等。当税制改革后，从哪种渠道进行采购就成为物流业企业应当考虑的重要事项，以下是对企业进行固定资产投资、选择合适的抵扣和采购时间方面的探讨。

1. 固定资产投资

对于物流业企业而言，被对固定资产的投资往往占据了资本性支出的大部分比重，物流业企业所需的固定资产往往价值较高，对固定资产的经营可以分为三种方式：外购固定资产、融资租赁固定资产以及经营租赁固定资产。

（1）外购固定资产。2009年我国的增值税类型从生产型转变成了消费型，并且外购固定资产所产生的进项税额能够进行抵扣，这种税收改革能够为企业带来更换新的固定资产的动力，使得企业能够拥有更加安全、先进的固定资产，能够使得企业在市场中的竞争力更强，获取更多的利润。但企业也不能盲目外购固定资产，首先要对企业拥有的固定资产进行实地盘点、账实核对，及时清理一些实际报废但在账目中依然存在的固定资产；其次，及时报废那些长时间使用，已经不能正常运转的固定资产，并且做好购买替代的固定资产的计划。

（2）融资租入固定资产。"营改增"政策实施后，运用融资租赁的方式来进行对固定资产的投资能够获得一些税收上的优惠，如返还和抵扣，但在"营改增"政策实施之前企业就已经拥有的固定资产是不能享受这种优惠的，所以企业需要依赖金融创新来尽量争取存量固定资产的税额抵扣，如可以运用融资租赁并售后回租的方式来实现税费和成本的减少。①

（3）经营租入固定资产。物流业企业投资固定资产的方式除了外购和融资租入之外，还有经营租入。"营改增"政策实施后，企业租赁有形动产所需缴纳的税费从原来5%的营业税变成了17%的增值税，租赁不动产仍然维持原来的准则。

物流业企业应当对这三种投资固定资产的方式进行准确的评价与比较，从中

---

① 陈潇. "营改增"政策对物流企业的影响及对策研究 [D]. 天津财经大学硕士学位论文，2015.

选出最适合本企业的方式。

2. 选择合适的抵扣和采购时间

自 2009 年以来，增值税一般纳税人所外购或是自制固定资产发生的进项税额可以在发票开具日期后的 180 天内去税务部门认证并一次性抵扣，这就给企业提供了选择抵扣时间的机会，企业可以在资金周转不畅的阶段去认证抵扣，从而缓解资金压力。

物流业企业还应当关注采购固定资产的周期性问题，根据企业情况制定完善的固定资产采购计划，对采购的时间要有意识地进行控制。

## 五、适当将劳务外包

大多数的物流业企业都有着大量的员工，这就导致了较高的人力成本，这种成本对物流业企业而言是一项占比很高却又不能抵扣进项税的成本。针对这样的情况，物流企业可以选择将劳务外包出去，借助外部的力量提供服务，它能给企业带来几方面的好处：一是劳务外包能够降低企业的管理成本，使得企业能够获取更多的利润；二是将企业不擅长的或是不重要的业务外包，能够使企业的人力、物力、财力集中起来发展企业的核心经营业务，使得企业向更加专业化的方向发展，不仅能使得企业的利润增长，更能提高企业的核心竞争力；三是能够将原先不能抵扣的成本转变为可以抵扣的进项税额，使得企业所要承担的税负降低。

如果企业外包业务的对方企业是小规模纳税人，那么企业可以通过要求对方企业向主管税务机关申请代开可以抵扣进项税的货物运输业增值税专用发票的方式来降低税负。

## 六、调整战略、创新模式与更新观念

1. 战略调整

传统的物流业企业发展模式正在受到新兴产业发展的巨大冲击，因此物流业企业应当加快战略调整的步伐，推进持续的战略收缩，明确自身的市场定位，发展新市场与新业务，细分经营业务，发展更多的客户群体，建设一体化的供应链。

### 2. 模式创新

物流业企业要对其经营发展模式进行创新，以企业固有的经营业务以及积累的战略资源为基础，开拓增值服务的领域，建设资源共享平台，为客户提供一体化的物流服务，往供应链一体化的物流发展模式转变。

### 3. 更新物流观念

现代物流观念已经与传统的物流观念有了很大的区别，已经转变为以客户为中心，尽量满足客户的需要，为客户降低成本，以便更快地形成产业升级与更新换代。这种以客户为中心的物流观念能为物流业企业创造更多的收益，因此物流业企业都应当早日转变物流观念。

# 第四节  税收筹划方面的对策

税务筹划指的是合法地在生产经营活动发生之前对其进行以降低税负为目的的安排与筹划。税务筹划是降低企业税负的有力手段，要实现合理的税务筹划，就要求企业对税务成本予以重视，从而有效地降低税负并且使企业的竞争力增强。既然税务筹划对物流企业有着十分积极的作用，那么在面对"营改增"改革时，物流企业就要尽力做好税务筹划工作。

"营改增"政策带来的是税收计算方式的改变，物流企业应当根据这种税收上的调整来对自身的战略方向进行调整。企业要对"营改增"政策的具体细则有着清楚的了解，并将政策与企业自身的经营发展状况联合起来进行研究，从而能够在新形势下做好税务筹划工作。"营改增"政策实施后，许多与物流企业相关的税收政策都发生了变化，如水、陆路运输被划分到了交通运输业里，适用11%的增值税税率；装卸搬运与港口码头服务从原来归属的水路运输，变成了物流辅助业务，从而税率从3%变成了6%；同时仓储、货运代理与代理报关服务业变为了物流辅助业务，从原来适用5%税率的营业税变为适用6%税率的增值税。当对这些税收政策变化有了充分的研究后，物流企业要相应对自身的生产经营活动以降低税负为目的作出调整。具体而言，可以通过对企业闲置资源的利用而获得更多收益，这样就能够在提高资源利用率的同时减少企业税负；企业应对交易方的资质进行全方位的重新考察与评定，更多地选择能提供增值税发票的上游企业；油耗成本对物流业企业有着重要影响，企业可以用办理在全国通用的储值油卡的方式，使得可抵扣的进项税额增加；企业所要承担的税负是在确认销售收入之后确认的，基于这个准则，企业应当尽可能合理地推迟销售收入的确认时间，从而让将要缴而未缴的税费产生时间价值；大型的物流业企业能够运用发售可转换债券的融资方式进行融资，支付的利息是可以减少应纳税所得额的，企业可以通过这种方式来降低税负。

企业能够采用的税务筹划有很多种，应对"营改增"的新形势，物流业企业应当从以下几个方面着手。

## 一、对采购和营业活动的税收筹划

### 1. 采购活动的税务筹划

物流业企业如果想要提高销售毛利率，可以从采购活动的角度入手，通过合理选择报价低、进项税金额大的供应商的方式进行税务筹划。在"营改增"的政策试点后，物流业企业应当在其进行对原材料、设备、物资等的采购时，要充分考虑到有关税率、商品应税价格与质量等诸多方面，选择那些能够为企业带来更多进项税抵扣、更低成本的供应商。由于供应商企业的纳税身份可以分为一般纳税人和小规模纳税人两种，一般纳税人可以开具可以抵扣进项税的增值税发票而小规模纳税人不行，所以企业在进行对增值税应税项目的原材料、设备、物资等的采购时，应该在同等价格的情况下优先选择一般纳税人，从而获取更多的进项税额抵扣，当价格不同的情况下，企业应当比较它们的税后成本，选择较低的那个。

企业的采购活动里存在着许多可以进行税务筹划的内容，但最主要的相关因素还是售价与税率。大多数的物流业企业都规模庞大，对采购物料有着较大需求，那么物流业企业就应当在进行物料采购时着重关心售价与税率，对比多个供应商的资质以及提供的商品质量与价格,从而做出最优选择,也就是选出税后成本最低的供应商,购买它的产品。在"营改增"政策实施前,企业在采购时仅仅要对供应商提供产品的质量与价格进行评估选择,不必考虑进项税额的问题,因为营业税不能抵扣进项税。"营改增"政策实施后,对企业采购部门提出了新的要求,也就是要综合考虑供应商的多方面资质,面对这样的挑战,企业采购部门应当做好评估与选择的工作,从而为企业带来更低的采购成本与更高的毛利率。

2. 营业活动的税收筹划

"营改增"政策实施后,物流业企业所适用的税目和税率都发生了变化。应对这种变化,物流业企业应当对其营业收入进行详细的划分,这样对减少企业的销项税额有所助益。对营业收入进行详细划分具有十分重要的作用,如果企业不重视这一工作,就会使得一些原本只应按低税率征税的业务由于划分不清,按高税率征税了,这就导致企业销项税额增多,所以物流业企业如果要从营业活动方面降低税负,必须先要做到对收入的详细划分。

物流业企业有诸多业务种类,要做好对收入的划分工作,首先要对"营改增"后各种业务对应怎样的税率进行研究,如货物运输服务适用于11%的增值税税率,有形动产的租赁业务适用于17%的增值税税率,仓储装卸等物流服务适用于6%的增值税税率。物流业企业在经营多种业务时,需要根据自身情况合理划分适用税率不同的业务,让每项业务能够按照其适用的税率计算销项税,不必在所有业务收入混淆的情况下从高征税。另外,物流业企业也应当重视对零税率、免税项目的税收计算,这两者的区别在于,零税率项目是能够抵扣进项税额的,免税项目是不能抵扣的,企业可以在合理的范围内适当在零税率和免税两种计算中选择适宜自身的办法。

此次施行的"营改增"政策与诸多业务种类相关,并且对应着多种税率,这时物流业企业就可以适时运用组合税率的方式来对其业务进行良好规划。具体而言,如物流业企业传统的运输业务能够被拆分为运输业务与装卸搬运业务两部分,这其中,装卸搬运业务部分能够作为物流辅助服务,适用的是6%的增值税税率。[①]

## 二、运用税收优惠政策

税务成本对于每个企业而言都是十分重要的存在，物流企业也不例外。"营改增"政策的实施使得物流业企业的税务成本发生了很大变化，这是由于营业税与增值税的缴纳本身就有很大的不同，因此物流业企业更应对这种变化予以重视，要及时对新的税收政策加以研究，早日对税收优惠政策有充分的了解并加以合理运用，运用到企业的涉税项目中去，做好税务筹划的工作。现在社会上也存在着许多专业化的税务和财务咨询公司，能够为企业的税务和财务工作予以指导，物流业企业如果有这方面的需要，可以寻求咨询顾问公司的帮助，制定更专业、更适应企业发展的税务筹划方案。在法律允许的范围内进行税务筹划，能够让企业的税务成本降低，减轻企业的税收负担，提高企业的税后利润，实现企业利益的最大化，同时也能够培养企业依法纳税的意识。

1. 取得更多的进项税抵扣，利用好差额纳税的条件

承包经营作为曾经大多数交通运输业企业运用的模式，是一种由交通运输业企业将企业所有的车辆承包给驾驶员个人来营运，承包人定期要向企业缴纳管理费的模式。由于运用的是这种经营模式，许多运输业企业在会计核算的确认收入时，只将在经营运输业务的过程中所开的发票金额，或是承包人缴纳的管理费作为收入，那些驾驶员个人从企业支取的金额一般会被当作工资薪金或是承包费用来进行会计处理，这种处理没有要求驾驶员提供相应票据作为原始凭证，更没有要求提供的票据必须是正规合法的发票。这样粗糙随意的会计处理在适用于营业税时，并不会出现大的问题，对企业缴纳营业税的负担也没有什么影响，但是在"营改增"的新形势下，这样的模式就存在着很大的问题。这是因为这样运作会使得企业收到很少的发票，无法拿到合法正规的发票作为原始凭证进行进项税的抵扣，所以在这样的运作模式下，企业也许要多交很多增值税，税负压力较大。

所以在"营改增"政策试点的新形势下，所有的物流业企业都应当对过去采

---

① 丁瑜. 营业税改增值税对吉林省物流企业的影响研究 [D]. 吉林大学硕士学位论文，2014.

用的经营模式和会计核算方式进行优化调整。在调整的过程中，首先要改变以前驾驶员不用提供发票就能从企业支取承包费的做法，并且要在合法范围内尽可能多地获取一些增值税发票，以抵扣进项税额。具体做法有这些：一是针对燃油费的发票很难取得的现实情况，物流业企业可以先统一购买好加油卡，获取可抵扣的增值税发票，然后再分发给各驾驶员使用，并且规定驾驶员必须在指定的加油站给企业的车辆加油，这样就在很大程度上解决了无法获取燃油费发票的问题，增加了企业进项税额的抵扣；二是针对车辆的维修很难获得增值税发票的情况，物流业企业应当进行对汽车修理企业的深入调查，对比多家企业，选择那些修理技术过硬、信誉良好、价格合理的修理企业，和这些企业签订时间较长的修理合同，并指定让企业的驾驶员们来这些企业进行汽车的修理、修配，从而更容易拿到增值税发票；三是对于一些劳务成本较高的业务，如劳务派遣，可以通过与是增值税纳税人的专业中介服务公司合作，签订合同，就能将这些劳务成本转化为可以抵扣的项目了。

另外，企业应当对增值税税收制度中存在着的差额征税规则进行深入研究。增值税差额征税的方法是以纳税人的销售额为基数计提税款，纳税人的销售额是纳税人进行销售获得的所有价款以及价外费用减去规定的那些要支付给其他纳税人的价款，也就是其不含税余额。有一些作为营业税差额征税试点的物流业企业在"营改增"试点后也能够沿用原来的政策，这些企业要及时依据规定办好备案手续，这是为其能够继续享受政策优惠所必须做的；还有一些物流业企业依据政策是能够纳入试点的，这些企业要尽快申请纳入，以便享受政策的优惠条件。

2. 把握好抵扣进项税的时机

税法对企业增值税进项税额的抵扣有相关规定，要求企业要到税务机关将其取得的增值税发票进行认证，认证是有时间限制的，即在其发票开具时间后的180天内，在认证通过之后，要在次月的申报期间内向主管该企业的税务机关进行抵扣进项税额的申报程序。如果企业没能按照规定申报认证和抵扣，那么其所拥有的增值税发票是不能为其抵扣进项税额的，因为它已经不能作为合法的抵扣凭证。因此，企业一定要对增值税抵扣的规定有深刻认知，同时要注意其取得的增值税发票的开具时间，在规定的时间内进行认证与申报抵扣，从而保证其增值税发票能够作为进项税额抵扣的凭证。

3. 有效利用优惠政策与过渡性财政补贴

前文中提到，"营改增"政策给物流业企业普遍带来税负升高的问题，这就是物流业企业为什么要对政府的税收优惠政策有充分研究的原因，企业应当充分利用这些优惠政策，最好是能加大其对企业发挥优势的作用。如果企业发现能够取得一些财政扶持与补贴，那么应该尽快准备好相关材料并向相关部门提出申请。

企业在享受过渡性财政扶持或补贴的时候应当明确，它不能作为企业长期发展的依靠对象，而是只能在短期内作为税制变革的辅助政策为企业提供帮助，并且这种帮助由于许多原因，甚至不能真正造福企业。因此，物流业企业在"营改增"的新形势下，更应该靠企业自身的能力来真正实现发展，以适应新政策所带来的挑战。

4. 增加子公司之间的关联交易

"营改增"政策实施后，物流业企业内部的子公司之间的关联交易不再需要重复缴税，并且这种交易是能够开具增值税发票的，所以物流业企业可以通过增加旗下子公司的关联交易，从而降低企业整体的税负。要实现关联交易的增多，物流业企业需要扩张其规模，尤其是联运业务方面，这样就能通过增加可抵扣的联运成本，增加进项税额的抵扣，从而降低企业整体税负，增加企业利润。

# 第五节　本章小结

本章的内容是根据前文所归纳的"营改增"给物流业企业带来的影响与变化，针对这些变化，对物流业企业提出了相应的对策和建议，这些对策和建议分为四个方面，分别是选择上下游及物流业业态、会计与财务处理、企业经营与管理与税收筹划方面。具体来看，本章的内容分为以下四个部分：

第一，从选择上下游及物流业业态方面对物流业企业应对"营改增"带来的变化提出了对策与建议，包括合理选择供应商和客户、建设和改造物流设施等。

第二，从会计与财务处理的角度提出了对策与建议，其中包括选择合理的纳税人身份、完善企业的财务管理等。

第三，从企业的经营与管理的角度提出了对策与建议，其中包括合理安排采购活动、调整战略、创新模式与更新观念等。

第四，从税收筹划方面提出了对策与建议，其中包括对采购和营业活动的税收筹划，以及合理运用税收优惠政策等。

# 第八章  研究结论与展望

## 第一节  研究结论

经过本书的研究，主要得出了以下结论：

（1）本书的研究综述部分分别从增值税的评价性研究、"营改增"的政策必要性研究、采用财政政策支持物流业发展重要性研究、物流业企业的税负水平及税制存在的问题研究、完善我国物流业税制问题政策建议方面的研究和物流业"营改增"及其对企业的影响的研究这六个方面对现有的文献作出了归纳和梳理。整理后发现，国外学者对于增值税的研究比较重视"营改增"的税率和实施范围，及该政策对经济发展各方面的影响等。国内的学者们近年来对于"营改增"政策的研究文献有很多，各方面的理论贡献也较为丰硕，但是具体到物流业"营改增"的问题，有的研究尚显得不够系统且比较单薄，"营改增"对我国物流业企业带来的影响以及存在的各种问题的研究还不够深入，有待进一步加强。从已有的研究成果来看，我国对于"营改增"的调查分析研究成果较多，但理论研究成果缺乏，所倚重的方法也大多以规范性研究为主而实证方法运用得较少。许多学者尽管对于"营改增"政策作出了述评和解读，但是也仅仅停留在这一层面，在当今市场经济的体制之下，现实情况更加复杂，大多数学者根据研究所提出的政策建议在一定程度上缺乏系统性。以上这些不足也意味着在实施"营改增"之后物流业领域的研究还有很大的价值，不论是理论研究还是政策实践研究都还有很大的需要进一步完善的空间。

（2）关于"营改增"对物流企业的影响，主要有物流业业态与企业会计处理两方面的结论。对于物流业业态的影响主要有：第一，"营改增"使得物流企业更加注重专业化，把更多的精力放在本企业的核心业务上，促使物流这个行业不断地往集中化发展，这样有助于物流企业高端化业态的形成，物流企业也因为可以增值税抵扣，鼓励企业加大投入，进行结构的调整；第二，对于物流业上下游的影响，物流企业上游企业乱开发票的现象得到了限制，并且上游企业的业务流程更加完善，下游企业方面，对于产品的定价有了更多的空间，产品可能可以得到更多的降价，造福于消费者，另外下游企业也因此得到了更加细化的分工。

对于企业会计处理可能的影响有：第一，小微企业作为小规模纳税人来说，这样的行为是有节税效应的，并且有利于鼓励创业，增加就业量解决一些社会问题；第二，大型的物流企业作为一般纳税人来说不一定是有利的，因为在进项税额抵扣还不完善的情况下，税务成本是增加的，需要企业做出对策来应对可能出现的问题；第三，会计处理流程有很大的改变，这个流程不管是分录、名称等出现了较大的改变，项目金额也有很大的不同。

（3）关于营业税改增值税对于物流企业会计处理和财务分析的影响，所得出的结论主要有：第一，由于"营改增"后物流企业面临的税基、税目、税率等发生了改变，小微企业作为小规模纳税人，改征增值税是有节税效应的，可以进一步地有利于鼓励创业，增加就业量解决一些社会问题，对于大型的物流企业作为一般纳税人来说是不利的，因为在进项税额抵扣还不完善的情况下，税务成本是增加的，需要企业做出对策来应对可能出现的问题；第二，"营改增"之后，如前文所述会计处理流程有很大的改变，这个流程不管是分录、名称等出现了较大的改变，项目金额也有很大的不同；第三，对物流企业税负和利润的影响，主要体现在收益、成本和营业税金及附加的变动，由于变化幅度和相对的比例不同，不同的企业会有不同的利润变化。在分析短期的影响之后，有些结论可能是片面的，也许短期是存在不利因素的，因此需要对"营改增"长期的影响进行探究，最终表明"营改增"的税制改革措施对于物流企业的发展是利大于弊的。

（4）本文还通过测算公司税负的相关指标，找出影响物流企业税负变动的主要因素，并且探究了"营改增"改革对物流业各细分行业的具体影响。得出的结论如下：第一，在铁路运输业中，固定资产对"营改增"后企业税负的影响不大，并且基本保持在 0.5%~1.5%；第二，在道路运输业中，可抵扣固定资产对"营改增"后企业税负的影响相对较小；第三，在水上运输业中，可抵扣固定资产对"营改增"后水上运输辅助业企业税负的影响略高于公路运输辅助业企业，对"营改增"后水上运输业企业税负的影响则相对较大；第四，在航空运输业中，可抵扣固定资产对"营改增"后航空运输辅助业企业税负的影响率低于 1.5%，对"营改增"后航空运输业企业的影响要略高于航空运输辅助业和其他细分行业；第五，在装卸搬运和运输代理业中，固定资产对"营改增"后企业税负的影响相对不大；第六，在仓储业中，固定资产对"营改增"后企业税负的影响十分小，同时该行业也是在"营改增"后受到固定资产影响最小的行业。

（5）依据相关学者的研究成果，本书经过对部分细分行业上市公司在"营改增"后税负的变动进行了测算，以探究"营改增"改革对这些细分行业税负的具体影响。通过相关的测算及对测算结果的分析，得出以下结论：第一，在道路运输业企业的收支结构不变的情况下，"营改增"对道路运输业税负的影响为短期内的显著增加；第二，在水上运输业企业的收支结构不变的情况下，"营改增"对水上运输业税负的影响为短期内的先减后增或显著增加；第三，在航空运输业企业的收支结构不变的情况下，"营改增"对航空运输业税负的影响为短期内的显著增加；第四，在水上运输辅助业企业的收支结构不变的情况下，"营改增"对水上运输辅助业税负的影响为短期内显著增加。

（6）本书通过识别公司财务绩效的主要影响因素，从盈利能力、营运能力、偿债能力和发展能力四个角度出发，构建了物流企业财务绩效评价指标系。运用上市公司的年报数据，结合物流企业财务绩效评价指标体系，测算出各细分行业上市公司的财务绩效评价指标值，并得到相应的公司财务绩效评价表，进而对"营改增"是如何影响上市公司财务绩效进行分析和研究。接着通过测算各细分行业上市公司的财务绩效指标，并且分析公司的财务绩效评价表，在关于"营改增"对公司财务绩效的影响的问题研究中，得出的结论主要有：第一，在铁路运输业中，"营改增"政策的实施促使企业的盈利能力、长期偿债能力和发展能力有所降低，但使企业的短期偿债能力有所增加，对企业的营运能力则没有影响，或者存在滞后效应；第二，在道路运输业中，"营改增"政策的实施虽然降低了企业的盈利能力和发展能力，但却使得企业的营运能力和偿债能力有所增加；第三，在水上运输业中，"营改增"政策的实施在一定程度上降低了企业的盈利能力和发展能力，但却加强了企业的短期偿债能力，对企业的营运能力没有产生任何影响，对企业偿债能力的影响则是不确定的；第四，在航空运输业中，"营改增"政策的实施虽然降低了企业的盈利能力和营运能力，但是加强了企业的长期偿债能力和发展能力，对企业的短期偿债能力则没有影响，或者存在滞后效应；第五，在装卸搬运和运输代理业中，"营改增"政策的实施使得企业的盈利、运营、偿债和发展四个能力都出现下降；第六，在仓储业中，"营改增"政策的实施降低了企业的短期盈利能力、长期偿债能力、运营能力和发展能力，使企业的长期盈利能力有所增加，对企业短期偿债能力的影响却是不确定的。此外，"营改增"政策的实施对各细分行业上市公司财务绩效的影响都是十分有限的。

# 第二节　未来展望

随着我国"营改增"试点工作的持续进行，增值税的征收范围不断扩大，未来有很多新的可研究的并对国家经济发展影响重大的领域可供探索。无论对于哪个行业，面对新的税制改革形势变化，都要审时度势，顺势而行。对于本书所围绕的物流行业来说，由于物流业务渗透到经济生活的各个部分，在今后的研究中，可以更多地考虑经过"营改增"政策以后的物流业对其他产业的影响，扩大该领域理论与实证研究的预见性，充分考虑当前以及未来经济结构的变化，无论是针对改变企业的经营战略和方式，还是在新的市场环境下那些承受高税负的企业的发展水平方面的研究，国家的宏观调控措施以及与企业发展息息相关的税制结构问题，都应该持续地被关注，对已有的研究做进一步深入的分析，笔者也将在今后的学习与工作中，运用所学的知识深入思考，学以致用。

# 参考文献

［1］Lewis, Stephen R. Taxation of Development: Principles and Application [M]. Oxford: Oxford University Press, 1984.

［2］Burgess R., Stern N. Taxation and development [J]. Journal of Economic Literature, 1993: 762-830.

［3］Richard M. Bird, Pierre-Pascal Gendron. The VAT in Developing and Transitional Countries, 2007: 63-64.

［4］Michael Keen, Ben Lockwood. The Value-Added Tax: Its Causes and Consequences [J]. Journal of Development Economics, 2010, 92 (2): 138-151.

［5］John Kay, Mervyn King. The British Tax System [J]. Journal of Economic Literature, 1979, 9: 78-115.

［6］Cnossen S. Administrative and Compliance Costs of the VAT: A Review of the Evidence [M]. Rotterdam: Erasmus University Rotterdam, 1994.

［7］Tait A. A. Introducing value-added taxes [J]. Fiscal Policies in Economies in Transition, 1992: 188-208.

［8］Keen M., Lockwood B. The value added tax: Its cost and consequences [J]. Journal of Development Economics, 2009 (2).

［9］John Kay, Mervyn King. The British Tax System [J]. Journal of Economic Literature, 1979 (9).

［10］Auerbach A. J., Gokhale J., Kotlikoff L. J. Generational Accounting: A Meaningful Way to Evaluate Fisical Policy [J]. The Journal of Economic Perspecrives, 1994, 8 (1): 73-94.

［11］ John Creedy. Modeling Indirect Taxes and Tax Reform ［J］. Edward Elgar，1999.

［12］ Emran M. S.，Stiglitz J. E. On Selective Indirect Tax Reform in Developing Countries ［J］. Journal of Public Economics，2005，89（4）：599–623.

［13］ Clément Carbonnier. Who Pays Sales Taxes？ Evidence from French VAT Reforms ［J］. Journal of Public Economics，2007，91：1219–1229.

［14］ Oskar Henkow. Tax Aligned Global Supply Chains Environmental Impact Ilustrations ［J］. International Journal of Physical Distribution & Logistics Management，2011（9）：42–47.

［15］ 聂海峰，刘怡. 增值税和营业税行业税负差异研究 ［J］. 税务研究，2011（10）：7–13.

［16］ 夏杰长，管永昊. 现代服务业营业税改征增值税试点意义及其配套措施 ［J］. 中国流通经济，2012（3）：20–24.

［17］ 杨志勇. 营业税改征增值税试点：趋势与展望 ［J］. 涉外税务，2012（5）：17–20.

［18］ 古建芹，刘大帅，张丽微. 增值税与营业税合并的现实思考——以生产性服务业发展为例 ［J］. 财政研究，2012（4）：46–48.

［19］ 杨震. 对当前经济形势下营业税改征增值税的认识 ［J］. 税务研究，2012（7）：39–41.

［20］ 张瑛，邓力平. 2012 年 1 月 1 日起上海实施营业税改征增值税试点改革 ［J］. 涉外税务，2012（4）：77–78.

［21］ 徐全红. 继续推进营业税改征增值税：税制协同与路径选择 ［J］. 税务与经济，2013（3）：64–67.

［22］ 马海涛，李升. 营业税改增值税：试点评价与改革方向 ［J］. 税务研究，2013（4）：6–12.

［23］ 白彦锋，李贞，马志良. 交通运输业营业税改征增值税的难点及对策 ［J］. 税务研究，2013（1）：55–59.

［24］ 彭艳芳. 增值税、营业税与经济增长的关系探析——兼论"营改增"对

我国经济增长的影响 [J]. 涉外税务，2013（5）：28-32.

[25] 李学林. 营业税改征增值税的税率评估——基于可计算一般均衡模型的研究 [J]. 财经理论与实践，2013（5）：80-84.

[26] 杨慧. 关于营业税改征增值税运行情况的调研及政策建议 [J]. 第十届沈阳科学学术年会论文集（经济管理与人文科学分册），2013（6）.

[27] 张伦伦，段义德. 营业税改征增值税的联动效应及应对措施 [J]. 税务研究，2013（4）：25-27.

[28] 刘景溪. 营业税改征增值税的政策效应分析及对策 [J]. 特别策划，2013（5）：9-13.

[29] 王贵平，苏钰杰. 税收制度对我国物流业发展的影响 [J]. 中国流通经济，2013（6）：112-115.

[30] 李红侠. 促进我国物流业发展的财税政策取向 [J]. 税务研究，2013（6）：18-21.

[31] 马海涛，李升. 对分税制改革的再认识 [J]. 税务研究，2014（1）：13-20.

[32] 牛倩，刘恒. 完善分税制改革的对策 [J]. 税务研究，2014（1）：35-37.

[33] 安致国. 论营改增的意义 [J]. 财会研究，2014（16）：268.

[34] 王冬梅，张福伟，钟乐. 我国物流业营业税改征增值税政策探究 [J]. 税务研究，2014（5）：36-38.

[35] 熊燕然. 营业税改征增值税对企业税负的影响——以赣粤高速为例 [J]. 理论研究，2014（1）：113-116.

[36] 李华新. 交通运输业、建筑安装业营业税改征增值税的几个问题 [J]. 涉外税务，1999（9）：53-55.

[37] 马念谊，黄浦林. "营改增"的影响与对策研究 [J]. 经济研究参考，2015（41）：57-59，65.

[38] 郭均英，刘慕岚. "营改增"对企业经济后果影响研究——以上海市首批实行"营改增"上市公司为例 [J]. 财政研究，2015（4）：92-95.

[39] 蒋明琳，舒辉，林晓伟. "营改增"对交运企业财务绩效的影响 [J]. 中

国流通经济，2015（3）：68–77.

[40] 王新红，云佳. 营改增对交通运输业上市公司流转类税负及业绩的影响研究 [J]. 税务与经济，2014（6）：76–82.

[41] 李绍萍. 营改增对物流业上市公司影响的实证分析 [J]. 中国流通经济，2014（5）：56–63.

[42] 王玉兰，李雅坤. "营改增"对交通运输业税负及盈利水平影响研究——以沪市上市公司为例 [J]. 财政研究，2014（5）：41–45.

[43] 王珮，董聪，徐潇鹤，文福生. "营改增"对交通运输业上市公司税负及业绩的影响 [J]. 税务研究，2014（5）：8–12.

[44] 王贵平，苏钰杰. 税收制度对我国物流业发展的影响 [J]. 中国流通经济，2013（6）：112–115.

[45] 贺登才. 我国物流业政策环境回顾与建议 [J]. 中国流通经济，2013（3）：33–38.

[46] 刘丽娜，王楠. 探索物流业之税制改革 [J]. 商品与质量，2012（5）：92.

[47] 王丹. 我国生产资料流通行业税收政策现状及相关建议 [J]. 中国流通经济，2011（8）：27–30.

[48] 王浪花. 促进现代物流业发展的税收政策国际经验探讨 [J]. 当代经济，2011（16）：86–87.

[49] 肖绪湖，汪应平. 关于增值税扩围征收的理性思考 [J]. 财贸经济，2011（7）：24–28，62.

[50] 陈少克，陆跃祥. 我国物流税制存在的问题及对策研究 [J]. 中国流通经济，2011（6）：104–109.

[51] 王一夫. 关于现代物流企业税收政策的调查与思考 [J]. 现代营销（学苑版），2011（3）：95–96.

[52] 刘志坚. 增值税扩围应从物流业入手 [J]. 交通财会，2010（8）：53–56.

[53] 薛一梅. 关于我国增值税扩围改革的研究 [D]. 财政部财政科学研究所，2010.

[54] 龚辉文. 关于增值税、营业税合并问题的思考 [J]. 税务研究，2010（5）：

41–43.

[55] 刘龙政，兰向旭. 物流产业发展中政府的作用 [J]. 物流技术，2009（5）：25–27.

[56] 王冬梅，鞠颂东. 中国物流业税收负担水平分析 [J]. 中国流通经济，2009（1）：25–28.

[57] 章洪涛. 增值税转型条件下交通运输业应改征增值税 [J]. 交通财会，2009（1）：50–51.

[58] 韩绍初. 中国增值税应进行第三次重大改革 [J]. 税务研究，2008（10）：24–26.

[59] 龚辉文. 国外物流业税收政策的比较与借鉴 [J]. 涉外税务，2008（9）：30–33.

[60] 喻均林. 对我国增值税征收范围的思考 [J]. 财会月刊，2008（19）：11–12.

[61] 吴才明，肖勇军. 完善物流税收政策的研究 [J]. 安徽工业大学学报（社会科学版），2007（6）：50–51.

[62] 贺登才. 关于物流企业税收政策的几个问题 [J]. 中国流通经济，2006（8）：19–20.

[63] 贺登才. 税收，物流产业发展的关键——关于物流企业税收政策执行中几个问题的探讨 [J]. 中外物流，2006（8）：7–8.

[64] 黄小彪，黄曼慧. 论政府对现代物流发展的干预 [J]. 铁道运输与经济，2006（5）：21–24.

[65] 王健. 现代物流发展中的政府作用 [J]. 中国流通经济，2004（10）：16–19.

[66] 白景明. 我国物流业发展中存在的财税问题及改革对策 [J]. 四川财政，2002（7）：11–13.

[67] 孙太宏. "营改增"对物流行业企业的影响研究 [J]. 中国集体经济，2016（31）：85–86.

[68] 何殷婷. "营改增"对江西省物流企业的影响及应对策略研究 [D]. 华

东交通大学硕士学位论文，2016.

[69] 高金玲."营改增"对物流业企业的影响［J］.当代经济，2016（15）：43-44.

[70] 杨明.交通运输业营业税改征增值税的效应研究［D］.山东财经大学硕士学位论文，2016.

[71] 王枫梅."营改增"对 WJ 物流公司影响研究［D］.安徽大学硕士学位论文，2016.

[72] 上官明英."营改增"对物流企业税负的影响及应对策略［J］.江西青年职业学院学报，2016（1）：72-74，77.

[73] 李琪，顾蕙恩，王海侠."营改增"对徐州地区小微企业的影响——以交通运输业和物流辅助服务业为例［J］.中国集体经济，2016（3）：96-97.

[74] 刘赪."营改增"对现代物流企业的影响及其财务决策的选择［J］.财会研究，2016（1）：52-56.

[75] 李明.浅谈"营改增"对物流企业的影响及应对措施［J］.财会学习，2015（17）：152，154.

[76] 张晶.财务视域内探究"营改增"对第三方物流企业的影响［J］.会计之友，2015（21）：102-104.

[77] 李麒麟.营改增对我国物流业税负影响的分析［D］.浙江大学硕士学位论文，2015.

[78] 张海英."营改增"对物流企业影响的实证分析［J］.财会月刊，2015（20）：78-81.

[79] 张远.营改增对江西省物流业影响的实证研究［D］.华东交通大学硕士学位论文，2015.

[80] 金任茜."营改增"对物流企业的税负影响及对策研究［D］.兰州财经大学硕士学位论文，2015.

[81] 黄贵德.中国增值税转型问题研究［D］.山东大学硕士学位论文，2006.

[82] 亚当·斯密.国民财富的性质和原因的研究（下卷）［M］.郭大力，王亚南译.北京：商务印书馆，1983：87-88.

[83] 胡雅娟，观行. 增值税存在问题及改善措施 [J]. 高科技与产业化，2010（9）：15-16.

[84] 任磊，杨宇轩. 浅谈营业税改增值税对我国中小银行业的影响机制 [J]. 时代金融，2013（1）：32-34.

[85] 姚慧慧."营改增"对交通运输业税负的影响及对策研究 [D]. 湖南工业大学硕士学位论文，2015.

[86] 杨柳. 第三方物流企业应对"营改增"的策略研究 [D]. 北京交通大学硕士学位论文，2015.

[87] 代慧敬."营改增"对物流企业的影响及对策 [D]. 陕西师范大学硕士学位论文，2015.

[88] 吴丹丹. 哈尔滨市现代物流业"营改增"问题研究 [D]. 哈尔滨商业大学硕士学位论文，2015.

[89] 张伟伟."营改增"背景下物流行业纳税筹划研究 [D]. 青海民族大学硕士学位论文，2015.

[90] 何萧. L 物流公司纳税筹划方案设计和应用研究 [D]. 西安石油大学硕士学位论文，2015.

[91] 谭笑. JW 公司增值税纳税筹划研究 [D]. 辽宁大学硕士学位论文，2015.

[92] 贾滢. 物流企业"营改增"背景下的纳税筹划 [D]. 辽宁师范大学硕士学位论文，2015.

[93] 陈潇."营改增"政策对物流企业的影响及对策研究 [D]. 天津财经大学硕士学位论文，2015.

[94] 常璨. 营业税改征增值税对物流业的影响 [D]. 云南大学硕士学位论文，2015.

[95] 刘宇."营改增"对 ZL 物流公司经营的影响研究 [D]. 辽宁大学硕士学位论文，2015.

[96] 李采假. 营改增对 A 物流企业的影响及对策研究 [D]. 辽宁大学硕士学位论文，2015.

[97] 王建华. 基于杜邦财务理论的 TJ 港物流企业"营改增"分析 [D]. 辽

宁大学硕士学位论文，2015.

[98] 唐菊，李睿鑫."营改增"对物流企业的影响——以"苏锡常"地区为例 [J].财会月刊，2015（5）：87-90.

[99] 李莹."营改增"对物流企业的影响及对策探讨 [J].经营管理者，2014（34）：24-25.

[100] 银峰."营改增"对物流企业的影响及应对策略 [J].物流技术，2014（17）：74-77.

[101] 钟乐.我国物流业营业税改征增值税政策研究 [D].北京交通大学硕士学位论文，2014.

[102] 张钦斐.基于"营改增"的物流业涉税分析 [D].山东财经大学硕士学位论文，2014.

[103] 王金男.营改增对物流业上市公司影响的实证研究 [D].东北石油大学硕士学位论文，2014.

[104] 刘灵君."营改增"背景下 A 企业纳税筹划 [D].青岛理工大学硕士学位论文，2014.

[105] 陈建强.营改增背景下公路货运企业税收筹划研究 [D].广东财经大学硕士学位论文，2014.

[106] 胡基学.支持物流业发展的财税政策研究 [D].财政部财政科学研究所博士学位论文，2014.

[107] 吴成莲."营改增"对现代物流业的影响及对策研究 [D].云南财经大学硕士学位论文，2014.

[108] 侯红纳."营改增"背景下 HNDY 物流公司的纳税筹划研究 [D].郑州大学硕士学位论文，2014.

[109] 丁瑜.营业税改增值税对吉林省物流企业的影响研究 [D].吉林大学硕士学位论文，2014.

[110] 程文先.物流业营业税改征增值税的问题研究 [D].云南财经大学硕士学位论文，2014.

[111] 刘益彤."营改增"对物流企业 SG 港务集团的经济影响研究 [D].辽

宁大学硕士学位论文, 2014.

[112] 潘彦凤. 深化物流业"营改增"试点改革研究 [D]. 云南财经大学硕士学位论文, 2014.

[113] 卢兴周. "营改增"对物流企业的影响及应对策略 [J]. 财经界 (学术版), 2013 (23): 247-248.

[114] 王立夏. "营改增"对物流企业的影响和决策研究 [J]. 工业工程与管理, 2013 (5): 93-95, 104.

[115] 周艺. "营改增"对物流业上市公司税负的影响研究 [D]. 昆明理工大学硕士学位论文, 2013.

[116] 刘松颖. "营改增"对交通运输企业税负的影响及对策分析——以北京某大型国有物流集团为例 [J]. 山西财经大学学报, 2013 (S2): 24-25.

[117] 刘清亮. "营改增"政策对第三方物流企业的影响及完善政策导向的思考与建议 [J]. 交通财会, 2013 (8): 65-71.

[118] 郭娟. 试论营改增对物流企业的影响 [J]. 现代营销 (学苑版), 2013 (5): 188-189.

[119] 王民浩. 我国物流业税收政策研究及改革探讨 [D]. 西南财经大学硕士学位论文, 2013.

[120] 李云柯. "营改增"政策对现代物流业的涉税影响和应对措施研究 [D]. 华中科技大学硕士学位论文, 2013.

[121] 许艳华. 浅谈"营改增"对物流企业的影响及建议 [J]. 中国集体经济, 2013 (9): 102-103.

[122] 金家伟. 营业税改征增值税对交通运输业效益影响研究 [D]. 上海师范大学硕士学位论文, 2013.

[123] 陈赛红. 浅谈营改增对物流企业的影响 [J]. 物流工程与管理, 2012 (10): 37-38.

[124] 周艳. "营改增"对物流企业的影响探微 [J]. 财会月刊, 2012 (28): 11-12.

[125] 周艳. 浅议"营改增"对物流企业的影响 [J]. 财会研究, 2012 (18):

54-56.

[126] 刘扬帆. 中国物流业税负问题研究 [D]. 北京交通大学硕士学位论文，2010.

[127] 李松. 国际商业技术编辑部有关物流概念的一些资料 [J]. 国际商业技术，1998 (4)：23-27.

[128] 日通综合研究所. 物流手册 [M]. 吴润涛译. 北京：中国物资出版社，1986：20-21.

[129] 孙战伟. 物流产业的边界及特征研究 [D]. 大连交通大学硕士学位论文，2009.

[130] 李高扬. 物流网络协同优化理论与方法研究 [D]. 天津大学博士学位论文，2007.

[131] 杨春河. 现代物流产业集群形成和演进模式研究 [D]. 北京交通大学博士学位论文，2008.

[132] 王文博. 基于现代物流理念的我国航空货运产业发展研究 [D]. 上海海事大学硕士学位论文，2007.

[133] 徐青青. 现代区域协同物流系统研究 [D]. 天津：天津大学博士学位论文，2003.

[134] 孙亮. 我国服务业演进的阶段性特征研究 [D]. 南京财经大学硕士学位论文，2010.

[135] 吴爱东. 中国现代物流产业发展与制度创新研究 [D]. 天津：南开大学博士学位论文，2009.

[136] 方同艳. 营业税改征增值税试点对地方税收的影响及应对策略思考 [J]. 九江地税，2012 (11)：34-36.

[137] 董锦治，吕要. 我国银行业实际税负水平对其盈利能力影响的实证研究 [J]. 税务与经济，2010 (2)：79-85.

[138] 谷成，曲红宝. 论分税制改革 [J]. 税务研究，2013 (7)：22-25.

[139] 李文婧. 关于增值税、营业税两税合并改革的思考 [J]. 东方企业文化·策略，2011 (7)：125.

[140] 丁加生. 浅论中国流转税改革 [J]. 苏州商论, 2011 (33): 118-119.

[141] 王芳. 关于我国扩大增值税征收范围改革的研究 [D]. 山西财经大学硕士学位论文, 2013.

[142] 高勇. 兼营与混合销售行为"混搭"的税务筹划 [J]. 财经月刊, 2011 (18): 43-45.

[143] 吴艳. 营业税改增值税对企业的影响 [J]. 中国总会计师, 2013 (6): 100-101.

[144] 李林一嘉. 浅析我国出口退税政策存在的问题与建议 [J]. 商业会计, 2016 (14): 96-97.

[145] 冯涛. 增值税与营业税合并的法律问题研究 [D]. 西宁: 青海民族大学硕士学位论文, 2013.

[146] 胡昊. 现行分税制改革的政策建议研究 [J]. 邢台学院学报, 2016 (1): 95-98.

[147] 余彩溦. "营改增"试点效应研究 [D]. 西南科技大学硕士学位论文, 2015.

[148] 文小玉. "营改增"试点期间的过渡性政策及主要税制是如何安排的 [J]. 纳税, 2013 (1): 29.

[149] 李智彬. 我国物流业发展现状与应对策略 [J]. 山东社会科学, 2010 (4): 107-109.

[150] 高志玥, 郝乌春. 营改增对物流企业的税负影响 [J]. 内蒙古科技与经济, 2014 (24): 54-55.

[151] 朱青. 对我国税负问题的思考 [J]. 财贸经济, 2012 (7): 5-12.

[152] 杨默如. 我国金融业改征增值税的现实意义、国际经验借鉴与政策建议 [J]. 财贸经济, 2010.

[153] 谌小红. 供应链整合对制造型企业绩效影响的实证研究——以湖南省制造企业为例 [J]. 财会通讯, 2010 (21): 116-118.

[154] 赵丽, 孙林岩, 李刚, 杨洪焦. 中国制造企业供应链整合与企业绩效的关系研究 [J]. 管理工程学报, 2011 (3): 1-9.

[155] 罗晓华. 铁路运输企业营业税改增值税的可行性分析 [J]. 税务研究，2004（1）：74-75.

[156] 平新乔. 增值税与营业税的福利效应研究 [J]. 经济研究，2009（9）：66-80.

[157] 平新乔. 增值税与营业税的税负 [J]. 经济社会体制比较，2010（3）：6-12.

[158] 龚辉文. 关于增值税、营业税合并问题的思考 [J]. 税务研究，2010（5）：41-43.

[159] 曲倍. 对物流企业营业税改征增值税的建议 [J]. 2011'中国快递论坛论文集，2011（6）.